Wolfgang Wypijeski
Geschäftsbriefe mit Pfiff

Wolfgang Wypijeski

GESCHÄFTSBRIEFE MIT PFIFF

Kreativ korrespondieren
wirksam formulieren
überzeugend argumentieren

GABLER

SEKRETARIAT

Die Deutsche Bibliothek – CIP-Einheitsaufnahme

Wypijeski, Wolfgang:
Geschäftsbriefe mit Pfiff : kreativ korrespondieren, wirksam formulieren, überzeugend argumentieren / Wolfgang Wypijeski.
– 2. Aufl. – Wiesbaden : Gabler, 1993
(Gabler-Sekretariat)
1. Aufl. u.d.T.: Wypijeski, Wolfgang: Kreativ korrespondieren
ISBN 3-409-29662-X

1. Auflage 1990 – Titel: Kreativ korrespondieren
2. Auflage 1993

Der Gabler Verlag ist ein Unternehmen der Verlagsgruppe Bertelsmann International.

Lektorat: Manuela Eckstein

Höchste inhaltliche und technische Qualität unserer Produkte ist unser Ziel. Bei der Produktion und Verbreitung unserer Bücher wollen wir die Umwelt schonen: Dieses Buch ist auf säurefreiem und chlorfrei gebleichtem Papier gedruckt. Die Einschweißfolie besteht aus Polyäthylen und damit aus organischen Grundstoffen, die weder bei der Herstellung noch bei der Verbrennung Schadstoffe freisetzen.

Umschlaggestaltung: Schrimpf und Partner, Wiesbaden
Satz: Satzstudio RESchulz, Dreieich-Buchschlag
Druck: Wilhelm & Adam, Heusenstamm
Bindung: Wilh. Osswald & Co., Neustadt / Weinstraße
Printed in Germany

ISBN 3-409-29662-X

Vorwort

Es ist verblüffend einfach, gute – nicht „schöne“ – Korrespondenz zu praktizieren. Als Sekretärin sind Sie sicher daran interessiert, mit Ihrem Mitteilungsstil „anzukommen“ und das gewünschte Verhalten beim Geschäftspartner auszulösen. Tagtäglich erledigen Sie selbständig den Schriftverkehr. Plötzlich wissen Sie etwas nicht oder nicht so richtig. In diesem Buch finden Sie auf (fast) alle Fragen eine Antwort. Wie baue ich ein Schreiben systematisch, logisch und gefällig auf? Wie vermeide ich überholte Ausdrücke, Floskeln oder umständliche Schreibweisen? Wie schreibe ich DIN 5008-gerecht? Wie lauten die Zweifelsfälle in der Korrespondenz? Wenn es Ihr Stil ist, mit weniger Worten mehr zu sagen, Sie sich einfach, klar und erfolgreich mitteilen wollen, dann haben Sie mit diesem Buch eine sehr gute Wahl getroffen. Sie sollten es immer griffbereit an Ihrem Arbeitsplatz haben, falls Sie mal etwas nachschlagen wollen.

Wolfgang Wypijeski

Inhalt

5. Grammatik 109

6. Psychologie 133

1 Einleitung

Im Schriftverkehr von heute lautet die eine Regel: im ersten Satz zur Sache kommen; die andere warnt vor dem Todfeind alles Getippten – die Länge und die großen Worte. Welches Verhältnis haben Sie zum Schriftverkehr? Ein gesundes, ein gestörtes oder überhaupt keins? Eines trifft sicher zu. Seien wir ehrlich. Nicht immer läuft es nach Wunsch, kommen die erwarteten Antworten oder erreichen wir das angestrebte Verhalten. Jetzt können Sie nach den Ursachen forschen. Sie erhalten in diesem Praxisbuch Antworten auf die Fragen, wie Sie aktiv, anschaulich, bildhaft, aber vor allem einfach und motivierend formulieren.

Die Zeit der Federmesser, Gänsekiele, Petschaften und des Sandstreus ist vorbei. Und damit auch die Sprachgewohnheiten von damals. Heute wird nicht mehr gepinselt, getuscht oder gemalt, sondern elektronisch in Speicherschreibmaschinen, Textsysteme oder Personalcomputer getippt. Allerdings haben einige Formulierungen noch Ähnlichkeit mit dem Stil der letzten Jahrhundertwende. Woran das wohl liegen mag? Müßig, darüber zu spekulieren. Die sichere, flotte Schreibe von heute informiert, regt an, regt auf, überrascht und motiviert. Denn genau darauf kommt es an. Sie wenden das seit langem an? Glückwunsch!

Weshalb dennoch täglich 100 000fach in Korrespondenz und Text gegen alle Regeln eines zeitgemäßen Mitteilungsstils verstoßen wird – wer kann's erklären? Das Schlimme daran: Die Formulierkünstler/-innen haben nicht den Schatten eines Zweifels an der Vortrefflichkeit ihrer stilistischen Steilkurven oder pseudointellektuellen Rechtschreibübungen. Damit kein falscher Zungenschlag aufkommt: Vom Amtsdeutsch ist hier nicht die Rede. Diese bürokratisierte und in Denkfaulheit verkommene Kanzleisprache ist heute out. Denn ihr synthetisch zubereitetes Instant-Deutsch, steril und keimfrei, ist nicht das Papier wert, auf dem es geschrieben steht. In Unternehmen mit fortschrittlicher Mitarbeiterführung gilt für Sekretärinnen, Korrespondentinnen und alle, die sich mit dem geschriebenen Wort auseinandersetzen müssen, ein Maßstab: Verständlichkeit durch Einfachheit und Kürze. Wir können uns nicht länger aalglatte Belanglosigkeiten oder einrastende Wortmechanismen leisten, weil unser Gehalt der zufriedene (!) Kunde zahlt. Deshalb weg mit kraftlosen Zaubersprüchen oder sprachlichem Kopfsteinpflaster, statt dessen auf den Punkt formulieren: beeinflussend, motivierend und stimulierend.

Sie sind beim Formulieren von Gedanken noch ein wenig unsicher? Nicht gleich den sprachlichen Salto probieren; sagen Sie das, was Sie sagen wollen. Das ist es, worauf es ankommt. Sie meinen, die anderen erwarten es doch so umständlich, untertänig oder geschwollen? Nein. Die anderen erwarten von Ihnen, daß Sie von Mensch zu Mensch sprechen. Eben einfach, kurz und motivierend. Streichen Sie bitte – soweit vorhanden – Immerwiederformulierungen, die Ichwiritis, eindimensionales Vokabular, modischen Schnickschnack, vor- und nachgekaute Argumente, stereotype Leerformeln. Was haben die aufgezählten Begriffe gemeinsam? Es sind Phrasen. Der Stilkundler Reiners über Phrasen: „Eine Phrase wird gekennzeichnet durch zwei Eigenschaften: Der Inhalt ist banal und die Form hochtönend." Manche Texte im Schriftverkehr erfüllen leicht beide Bedingungen.

„Schreib mal wieder – ruf bloß nicht immer an!" Sie haben recht, so wirbt die Post natürlich nicht. Mitteilungen, Schreiben und Texte haben gegenüber dem Telefon den Vorteil, daß man sie lesen, beantworten, aufheben oder einfach wegwerfen kann. Vorher müssen sie gelesen werden. Das ist Ihre Aufgabe. Auf den nächsten Seiten finden Sie dazu eine Fülle von Informationen. Sie werden erleben, wie anregend-aufregend schriftliche Kommunikation sein kann. Wollen Sie mit SIE-Ansprache, aktivem Formulieren/Diktieren, kurzen Sätzen, klaren Aussagen, freundlichen Formulierungen noch erfolgreicher korrespondieren und texten? Wenn es Ihr Stil ist, mit Worten Sympathie zu schaffen, Vertrauen zu wecken und zu beeinflussen, dann sind Sie mit dieser Bewußtseinshaltung Ihrer „Konkurrenz" bereits mehr als nur um die berühmte Nasenlänge voraus. Um diesen Vorsprung noch auszubauen, finden Sie hier zahlreiche Tips. Anhand praxisgerechter Tests vertiefen, ergänzen und erweitern Sie Ihr Wissen.

2

Visitenkarte Brief

Jeder Brief, den Sie an Kunden, Geschäftspartner, Freunde oder Institutionen schicken, ist Ihre Visitenkarte. Er repräsentiert Ihr Unternehmen. Sie können mit einem kreativ gestalteten Briefbogen beim Empfänger Ihrer Botschaft Ihr Erscheinungsbild – neudeutsch: Image – prägen.

Ihr schriftlicher Informationsaustausch, egal ob Teletex, Telefax oder Brief, braucht nicht nur einen guten Stil, sondern auch eine ansprechende Gestaltung. Jedes Schreiben von Ihnen prägt beim Empfänger den „Stil“ Ihres Unternehmens. Legen Sie sich deshalb einen unverwechselbaren Geschäftsbriefbogen zu. Mit ihm präsentieren, verkaufen und sprechen Sie. Eine einfache Gestaltung wäre sehr vorteilhaft.

2.1 CI und CD im Briefkopf

CI = Corporate Identity; Erscheinungsbild eines Unternehmes in der Öffentlichkeit (Symbole, Warenzeichen, Form und Farbe der Produkte, Briefbogen, Verpackung, Stil, in dem man sich äußert – vgl. Abbildung 1)

CD = Corporate Design; die Unternehmenspersönlichkeit im Bewußtsein der Öffentlichkeit „verankern“ (das Erkennen Ihres Unternehmens durch das Design/Imagesymbol – vgl. Abbildung 2)

Kennen Sie die Werbung von Henkel in den 30er und 40er Jahren? Schon damals wurde in vorbildlicher Weise „corporate identity“ dokumentiert. Auch und gerade im Geschäftsbriefbogen. Die Kreativen von damals fanden dic professionelle Art, um wirtschaftliche Ziele in ein ganzheitliches Unternehmenskonzept umzusetzen. Verkäuferische Aktivität und Corporate Identity gingen in der Blütezeit des Plakats Hand in Hand. Nicht nur bei Henkel. Jetzt ist es wiederentdeckt worden. Natürlich konnte man nicht „ganzheitliches Unternehmenskonzept“ dazu sagen. Ein neuer Name mußte her, der auch Klang hatte: Corporate Identity. Inzwischen gibt es unzählige Übersetzungen für dieses Wort. Was uns interessiert, ist der Geschäftsbriefbogen mit seinem Erscheinungsbild beim Empfänger. Wenden Sie Ihre CI auf Lieferscheinen, Packungen, Werbeflächen, Briefbogen, Kurzmitteilungen sowie in Verkaufsförderung und Werbung konsequent an. Wenn Sie es verstehen, einen positiven CI- oder Imageschub in die Öffentlichkeit zu „transportieren“, wird Ihnen der Erfolg sicher sein.

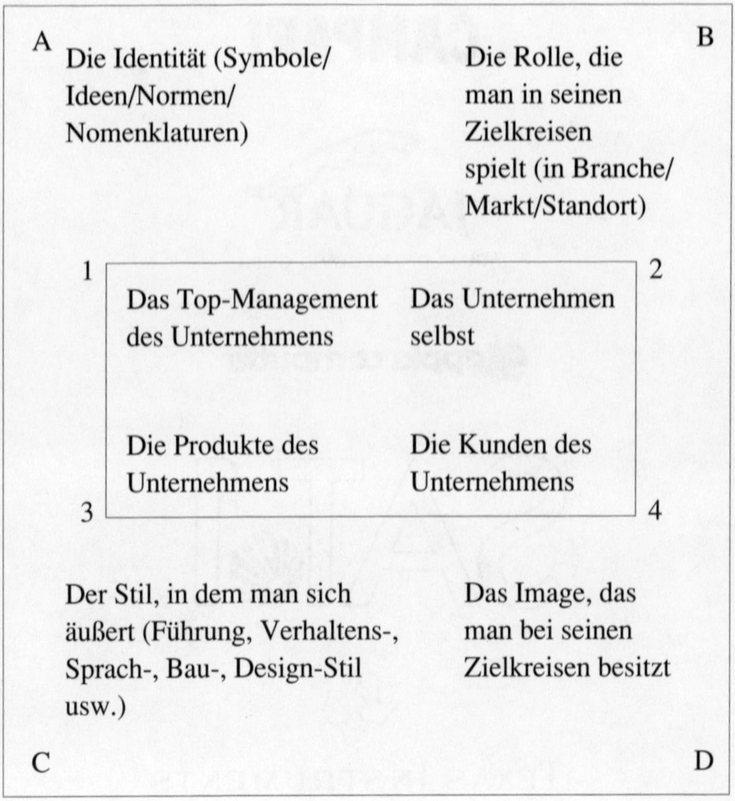

Maximaler CI-Wert:

A1 = A2 = A3= A4 C1 = C2 = C3= C4
B1 = B2 = B3= B4 D1 = D2 = D3= D4

Graphisch umgesetzt nach einem Bericht im Handelsblatt vom 21.10.86, Autor: Roman Antonoff

Abbildung 1: Corporate Identity

CAMPARI

JAGUAR

JAGUAR DEUTSCHLAND GMBH

apple computer

SAT.1

TEXAS INSTRUMENTS

DEUTSCHLAND GMBH

création CAZAL

swatch®

Abbildung 2: Corporate Design

Corporate Design ist nichts anderes als der Weg zur Unternehmenspersönlichkeit. Ihr Unternehmen sei keine Person oder Persönlichkeit? Gegenfrage: Was prägen Sie sich von anderen Menschen ein? Das Kleid, den Anzug, die Schuhe? Wohl kaum. Aber das Gesicht. Und das erkennen Sie wieder. Und Corporate Design gibt Ihrem Unternehmen dieses Gesicht. Es soll unverwechselbar sein und gleichbleiben, damit Sie wiederzuerkennen sind. Ihr CD muß sich ins Gedächtnis Ihrer Geschäftspartner einprägen, man muß Sie wiedererkennen, Ihrer Unternehmenspersönlichkeit positive Resonanz entgegenbringen. Wie Ihre Unternehmenspersönlichkeit sein könnte/sollte: vertrauenswürdig und sympathisch. Dazu benötigen Sie ein Imagesymbol, etwas, womit Sie sich identifizieren, beim anderen Assoziationen wachrufen. Das können sowohl verschlungene Anfangsbuchstaben (Ligaturen) sein als auch Grafiken, stilisierte Elemente oder konkrete Dinge, wie der Elch von Ikea oder das Krokodil von Lacoste. Dieses Imagesymbol auf allen Geschäftsbriefbogen, Lieferscheinen, Tickets, Taschen, in Anzeigen, Produkten, Verträgen, Anträgen prägt die CI Ihres Unternehmens.

2.2 Test: Gestaltung des Geschäftsbriefes

1. Mit Ihrem Geschäftsbrief präsentieren Sie sich beim Geschäftspartner, Kunden, Interessenten, Empfänger. Mit der Visitenkarte Ihres Unternehmens vermitteln Sie einen Eindruck, werblich wie verkaufsfördernd. Wodurch können Sie

die Unverwechselbarkeit Ihres Unternehmens demonstrieren?

- ☐ Briefbogen und Briefumschlag
- ☐ Imagetransfer durch gestalterische Elemente (Papierqualität, Farben, Falzen, Druck, Schreibmaschinenschrift, Prägungen, Stanzen)
- ☐ Kombination von Briefbogen, Briefumschlag, Papierwahl, Druck und Gestaltung

2. Daß Papierqualität zum Werbeträger par ecellence in der Korrespondenz geworden ist, kann man täglich beim Posteingang feststellen. Der emotionale Gehalt des Papiers ist unbestritten. Auf welche Kriterien kommt es bei der Papierwahl an?

- ☐ einwandfreie Bedruckbarkeit
- ☐ die „Weiße"
- ☐ die Farbigkeit
- ☐ Rupffestigkeit
- ☐ Reflexionsgrad/Reflexionsfreiheit
- ☐ Druckveredelung wie Farbprägedruck oder Relief Offsetdruck
- ☐ Wasserzeichen

3. Die am meisten verwendeten Geschäftsvordrucke sind im Format A4, A5 und A6 – wie sind die Maße? Zum Vergleich: A0 = 841 × 1 189 mm, A1 = 594 × 841 mm, A2 = 420 × 594 mm, A3 = 297 × 420 mm, A7 = 74 × 105 mm, A8 = 52 × 74 mm.
A4 = __________ A5 = __________ A6 = __________

4. Beginnen Ihre Geschäftsvordrucke mit dem Briefbogen Geschäftsleitung?

☐ Ja ☐ Nein

5. Welche von den genannten Geschäftspapieren verwenden Sie?

☐ Briefbogen (für Schriftverkehr)
☐ Briefbogen-Zweitblatt
☐ Computerbriefbogen (Textverarbeitung)
☐ Schnelltrennsatz
☐ Endlossatz
☐ Geleimter Einzelsatz
☐ Trägerbandsatz
☐ Kurzbrief
☐ Kurzmitteilung
☐ Hausmitteilung
☐ Rundschreiben
☐ Pressemitteilung
☐ Arbeitszeugnis-Vordruck
☐ Geschäftspapiere für Auftragsbearbeitung:
  ☐ Auftrags-/Bestellformulare
  ☐ Auftragsbestätigung
  ☐ Lieferschein
  ☐ Rechnung
  ☐ Mahnung

6. Weshalb muß auf allen Geschäftspapieren Ihr Imagesymbol (Marken-, Warenzeichen, Schriftzug u. ä.) sein?

☐ Wegen der Präsentation des Unternehmens „nach draußen“

☐ Wegen des CD (Corporate Design) : Der Umworbene/ Kunde soll sich die Firma einprägen und jederzeit wiedererkennen (bei jeder Unternehmensaktivität).

☐ Wegen der CI (Corporate Identity) : auf professionelle Art wirtschaftliche und verkäuferische Aktivität in einem ganzheitlichen Unternehmenskonzept umsetzen. Mit jedem Schriftstück einen positiven Imageschub in die Öffentlichkeit transportieren.

7. Welche handelsrechtlichen Gestaltungsvorschriften gelten für Ihren Briefbogen, wenn Sie eine GmbH sind? Welche Angaben müssen auf dem Briefbogen sein?

☐ Rechtsform
☐ Sitz der Gesellschaft
☐ Registergericht
☐ Handelsregisternummer
☐ Vor- und Zuname des Geschäftsführers

8. Bitte ordnen Sie den Übersichten GmbH + Co. KG, AG und Genossenschaft zu:

Rechtsform
Registergericht des Sitzes der Gesellschaft
Sitz der Gesellschaft
Handelsregisternummer
Rechtsform der Gesellschafter
Vor- und Zuname aller Geschäftsführer ....

Rechtsform
Sitz der Genossenschaft
Registergericht
Genossenschaft Registriernummer
Vorstandsmitglieder (Vor- und Zuname)
Aufsichtsratsvorsitzende (Vor- und Zuname) ....

Rechtsform
Sitz der Gesellschaft
Registergericht
Handelsregisternummer
Alle Vorstandsmitglieder und der
Aufsichtsratsvorsitzende
mit Vor- und Zunamen ....

9. Unter welcher Bezeichnung sind Ihnen diese „Symbole" bekannt?

☐ eingetragenes Warenzeichen
☐ Corporate Design (Erscheinungsbild des Unternehmens)
☐ Unternehmenspersönlichkeit
☐ Imagesymbol

10. Sind die „Tele-“Angaben auf den Geschäftspapieren richtig?

☐ Ja ☐ Nein (Telefon, Telex, Telefax, Telekopierer)

Fernschreiber: 04-16379, Bildschirmtext *
(BLZ 512 305 00) Konto 30 447 09

TELEX 05 29 899
TELEKOPIERER 0 89 · 471

Telex 41 89 936 fivg d

جميع الخدمات
فى مجال الطباعة و النشر

D-90547 Stein/Nürnberg
Phone (09 11) 6679 742
Telex 6-22 977

Teletex 22 83 09 rentrop

☎ (0 72 21) 276-1
Durchwahl 276-

Fax
(09 11)
2 17-7 00

11. Sind Ihre Imagesymbole (CD) Bestandteile Ihres Briefumschlages?

☐ Ja ☐ Nein

12. Wenn das Textende im Brief erreicht ist und die Grußformel folgt – sollte das Schreiben dann mit einem (Firmen-) Stempel „abgestempelt“ werden?

☐ Ja ☐ Nein

13. Im Zeitalter der Textsysteme – vom Typenrad- bis Laserdrucker – noch eine Bezugszeile im Geschäftsbrief?

Ihr Zeichen, Ihre Nachricht vom   Unser Zeichen, Unsere Abteilung   ☎ (05 11) 645-1 Durchwahl 6 45-

☐ Ja ☐ Nein

14. Messen, Ausstellungen, Kongresse … brauchen Öffentlichkeit. Setzen Sie die Aufkleber bei vorgenannten Anlässen in Ihrem Schriftverkehr ein?

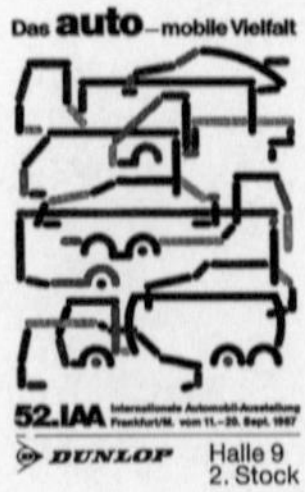

☐ Ja ☐ Nein

15. Nach welchen Kriterien gestalten Sie Ihren Geschäftsbriefbogen?

☐ funktionell
image„pflegend“

☐ repräsentativ
unverwechselbare Charakteristik

16. Worauf kommt es beim Geschäftsbrief an?

☐ Form des Briefkopfes
☐ Absenderangaben
☐ nur wenige verschiedene Schriftarten/-grade
☐ DIN-gerecht
☐ gesetzliche/postalische Vorschriften
☐ Zweitblatt unterschiedlich zum Erstblatt
☐ Papierqualität
☐ eindrucksvoll gestaltet

17. Betrachten Sie Geschäftsbrief, Briefumschlag und Freistempel als eine Einheit (ganzheitlich)?

Beispiel:

☐ Ja ☐ Nein

18. Ihr Geschäftsbrief ist Botschaft und Botschafter in einem. Mit einem gut gestalteten Briefbogen und einer Schreibmaschinenschrift prägen Sie Ihr Erscheinungsbild. Welche Schreibmaschinenschrift wählen Sie?

☐ kleine Schreibmaschinenschrift
☐ große Schreibmaschinenschrift
☐ lesefreundliche Schreibmaschinenschrift

19. Das Schriftbild Ihrer Schreibmaschinenschrift muß zur Typographie der Geschäftspapiere passen, ebenso das Papier. Weshalb? Was kommt dadurch zum Ausdruck?

☐ Kompetenz	☐ Konservativität	☐ Progressivität
☐ Seriosität	☐ Dynamik	☐ Zuverlässigkeit

20. Jedes Schreiben verlangt sowohl einen überzeugenden Inhalt als auch eine überzeugende Präsentation. Wenn Sie so wollen, ersetzt Ihr Brief ein Gespräch – und Sie „sprechen" per Brief mit dem Empfänger. Was wollen Sie mit Ihrem Geschäftsbrief erreichen?

☐ Zufriedenheit	☐ Vertrauen
☐ Verkaufsförderung	☐ Werben
☐ Informationen austauschen	

Lösungen

1. alle 3
2. alle 7
3. A4 = 210 x 297 mm
   A5 = 148 x 210 mm
   A6 = 105 x 148 mm
4. Ja, bitte!
5. (möglichst) alle
6. alle 3
7. alle 5
8. Reihenfolge von oben: GmbH + Co. KG, Genossenschaft, AG
9. alle 4
10. ja
11. sollten es sein
12. nein
13. nein
14. Ja, bitte!
15. alle 4
16. alle 8
17. Ja, bitte!
18. lesefreundliche Schreibmaschinenschrift
19. Kreuzen Sie an, worauf Sie Wert legen (wie Sie gesehen werden wollen).
20. alle 5

2.3 Gestaltung des Briefumschlags

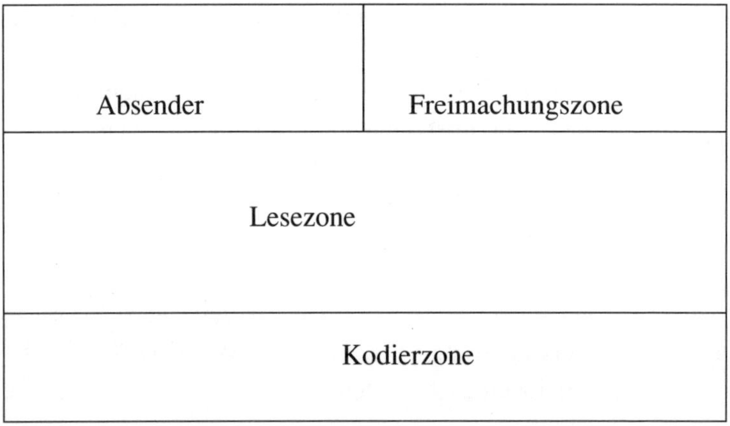

2.4 Anschriften

In der Bundesrepublik Deutschland:

DMI
Institut für Direktmarketing
Herrn Vögele
Ostergartenstr. 10
82538 Geretsried

Briefwechsel ins Ausland:

Schweizerische Volksbank
Verkaufsförderung
Weltpoststraße 5

CH-3001 BERN-MURIFELD

Im Auslandsverkehr werden bei folgenden Ländern die Nationalitätskennzeichen vor der Postleitzahl mit einem Bindestrich angegeben:

B	Belgien
DK	Dänemark
SF	Finnland (Suomi Finland)
F	Frankreich
IS	Island
I	Italien mit Vatikan und San Marino
YU	Jugoslawien
FL	Liechtenstein (Fürstentum Liechtenstein)
N	Norwegen
A	Österreich (Austria)
P	Portugal
R	Rumänien
S	Schweden
CH	Schweiz
H	Ungarn

In andere Länder bitte das Bestimmungsland eine Leerzeile unter den Bestimmungsort setzen:

M. Larry Todd
66 Lexington Street
POB 2202

CANBERRA

AUSTRALIEN

Mss. Claire Johnson
75 Fleet Street
SAN FRANCISCO, POB 3360

USA

Angemerkt: Bitte setzen Sie die Versandart, die Sie wünschen, immer über die Adressierung:

Eilboten
Persönlich
Werbesendung
Drucksache
Drucksache/Geb. gepr.
Wenn unzustellbar – zurück
Einschreiben
Einschreiben-Rückschein
...

Beispiele:

Eilboten

Der Spiegel
Deutschlandredaktion
Brandstwiete 19/Ost-West-Straße
20457 Hamburg

Luftpost – by airmail
M. George Griffith
109 Denver Street
SYDNEY, A.C.T. 1800
AUSTRALIEN

Drucksache/Geb. gepr.

Herrn
Peter Willmanns
Vogelweidplatz 10
A-1150 WIEN

Einschreiben-Rückschein

Conseil de l'Europe
Boîte postale 431 R6
F-67006 STRASBOURG CEDEX
…

2.5 Brieftypen

Anfrage	– Wünsche, Sonderwünsche, Auskünfte, Konditionen, Prospektanforderungen, Termine, Muster
Angebot	– Stück, Preis, Typ, Farbe, Umtausch, Garantien, Finanzierungsvorschlag
Bestellung	– Termin, Konditionen, LKW, Bahn, Post, nehmen Sie für uns in Auftrag: …
Auftragsbestätigung	– Rabatte, Skonti, Zahlungsziel, Lieferung, Montage
Mängelrüge	– Schufa, Zahlungsaufforderung, Lieferverzögerung, Unterlagen, Belege
Nachwerbung	– Imagepflege, Resonanz anstreben, Interesse signalisieren, sich in Erinnerung bringen
Schreiben an Behörden	– Anstalten des öffentlichen Rechts, Institutionen, gemeinnützige Unternehmen Formulare, Vordrucke, Anträge, Petitionen

Was noch?

Saisonaufträge – Nachlieferungen – unerfüllbare Aufträge – Tränenbriefe – Rechnungsdifferenzen – Reparaturen – Vergütungen – Ersatzteile – Frachtkosten – Schreiben zu Jubiläen – Einladungen – Werbebriefe (zur Verkaufsförderung) – Protokolle – Aktennotizen – Kurzbriefe – Rundschreiben – Berichte – Bewerbungen – Arbeitszeugnisse

Definitionen:

Lesen	–	das Wesentliche erkennen/Sinn erfassen
Texten	–	(textum = Gewebe) mit dem geschriebenen Wort einen meßbaren Erfolg in Mark sowie Vertrauen, Sympathie und Zufriedenheit erzielen
Korrespondieren	–	sich etwas einfallen lassen

3

DIN 5008 – Regeln für Maschinenschreiben

Die Regeln für Maschinenschreiben sind in der Norm 5008 des Deutschen Instituts für Normung e. V. Berlin festgelegt. Was da alles so geregelt wird? Zum Beispiel geschäftliche, behördliche oder andere dienstliche Schreiben, wie Maße und technische Zeichen geschrieben werden, was es mit Ziffern, Zahlen, Zahlengliederungen und -aufstellungen so auf sich hat, wie die Schriftzeichen für Wörter (gegen, Paragraph, und, ...) getippt werden, wie Rechenzeichen zu Papier gebracht werden und so weiter. Am besten, Sie legen sich das Büchlein „Regeln für Maschinenschreiben" vom Beuth-Verlag zu. Da haben Sie dann den totalen Überblick von A wie Abkürzungen, Absätze, Abschlußstrich, Abschnitte, Absenderangabe, Akademische Grade über B wie Bankleitzahlen bis Z wie Zahlen, Zahlenaufstellungen, Zahlengliederung, Zeichen für Grad, Promille, Prozent.

Achtung: Weil sich die Grundlagen für die Norm 5008 fließend ändern, wird sie von Zeit zu Zeit überarbeitet und den Entwicklungen im Büro angepaßt.

3.1 Test: Kennen Sie die korrekten Schreibweisen?

– Frankfurt, 09.02.88	– Frankfurt, 9.2.1988
– 10777 Berlin	– 10777 Berlin
– Postfach 34 56 23	– Postfach 345 623
– Telefon 09 11/34 56 86	– Tel.: (0911) 345686
– BLZ 760 700 40	– Bankleitzahl 76 07 00 40
– 14 % Mehrwertsteuer	– 14% Mehrwertsteuer
– Az. 4 0 7910/82	– Aktz. 4 07910/82
– Betrag von 2 300,40 DM	– Betrag von 2.300,40 DM
– Scheck über 1 230,00 DM	– Scheck über 1.230,00 DM
– die §§ 609 und 711 BGB	– die § 609 und 711 BGB
– in 3facher Ausfertigung	– in dreifacher Ausfertigung
– PS:	– P.S.
– GmbH	– Ges. m.b.H.
– I. Werbung II. Verkaufsförderung III. Public relations	– I. Werbung II. Verkaufsförderung III. Public relations
– bis zum 04.03.88 benötigen wir	– bis zum 04.03.88 benötigen wir

– Fräulein	– Frl.
– Dipl.-Ing.	– Dipl. Ing.
– IBM Deutschland GmbH Hauptverwaltung Pascalstr. 80 70569 Stuttgart	– An die IBM Deutschland GmbH Abt. Hautpverwaltung Pascal-Straße 80 70569 Stuttgart
– z. H.	– z. Hd./z. Hdn.
– z. K.	– z. Kts.
– z. Z.	– z. Zt.
– das Teil brauchen wir s e h r dringend	– das Teil brauchen wir s e h r dringend
– 22.00 Uhr	– 22 Uhr
– die „Magier“ erscheinen …	– die „ Magier “ erscheinen …
– Das bedeutet für Sie: …	– Das bedeutet für Sie : …
– A4-Format	– A-4-Format
– Rechnung 81 vom 11.02.88	– Rechnung 81 v. 11.02.1988
– wie angegeben …	– wie angegeben ..... (drei Auslassungspunkte oder mehr?)
– i. A.	– i.A.
– Personalchef/in	– Personalchef(in)
– 2- bis 3mal	– 2 bis 3mal
– bei einer Temperatur von 33 °C	– bei einer Temperatur von 33° C
– eine Drehung um 180°	– eine Drehung um 180 °
– 1. Ziele 2. Maßnahmen 3. …	– 1.) Ziele 2.) Maßnahmen 3.)…

– a.) Oberbekleidung	– a) Oberbekleidung
b.) Trikotagen	b) Trikotagen
c.) …	c) …
– 1986er Julius Echterberg	– 1986-er Julius Echterberg
– 198802-15	– 88-02-15
88 02 15	

(ISO/R 2014 Writing of calender dates in all-numeric Form – numerische Schreibweise der Kalenderdaten der International Organization/ISO)

Lösungen DIN 5008

Die korrekten Schreibweisen:

Frankfurt, 09.02.88
10777 Berlin
Postfach 34 56 23
Telefon (09 11) 34 56 86
BLZ 760 700 40
14 % Mehrwertsteuer
Az. 4 0 7910/82
Betrag von 2 300,40 DM
Scheck über 1 230,00 DM
die §§ 609 und 711 BGB
beides korrekt: in 3facher Ausfertigung
in dreifacher Ausfertigung
PS:
GmbH

I. Werbung
II. Verkaufsförderung
III. Public relations

… bis zum 04.03.88 benötigen wir
Fräulein
Dipl.-Ing.

IBM Deutschland GmbH
Hauptverwaltung
Pascalstr. 80

70569 Stuttgart

z. H.
z. K.
z. Z.

das Teil brauchen wie   s e h r   dringend (drei Stellen vor und nach dem gesperrten Wort)

22.00/22 Uhr – beide Schreibweisen korrekt
die „Magier“ erscheinen … (ohne Leerstelle)
das bedeutet für Sie: … (Doppelpunkt ans Wort)
A4-Format
Rechnung 81 vom 11.02.88
wie angegeben … (immer 3 Auslassungspunkte)
i. A. (mit Leerstelle)
Personalchef/in
Personalchef(in) – beide Schreibweisen korrekt
2- bis 3mal
bei einer Temperatur von 33 °C (Gradzeichen an „C“)
eine Drehung um 180° (direkt an die Zahl)

1. Ziele
2. Maßnahmen
3. …

a. Oberbekleidung
b. Trikotagen
c. …

auch korrekt:
a) Oberbekleidung
b) Trikotagen
c) …

1986er Julius Echterberg

(internationale Schreibweise:)
– alle drei Versionen richtig –

Angemerkt: Nach der Anrede Komma (,) , Ausrufezeichen (!) oder nichts von beiden?
Antwort: Komma (Ausrufezeichen veraltet)

3.2

Wie schreibe ich Straßennamen richtig?

Getrenntschreibung bei Straßennamen mit Verhältniswörtern:

Am Steinacher Kreuz
Unter den Linden
An der Bergleite

… wenn das vorangehende Adjektiv gebeugt ist:

Breiter Steig
Hohe Straße
Kleine Steige

… mit oder ohne Bindestrich:
(mehreren Personennamen)
Balthasar Neumann-Straße/
Balthasar-Neumann-Straße
Christoph Carl Platz
Christoph-Carl-Platz
Christian Hessel Allee
Christian-Hessel-Allee

… von Ortsnamen abgeleitet:

Pariser Platz
Stuttgarter Allee
Lyoner Ring

Zusammenschreibung bei Straßennamen, wenn das Bestimmungswort ein Hauptwort, ungebeugtes Eigenschaftswort oder ein Personenname ist:

Querstraße
Alpenstraße
Briandstraße

… wenn der „-allee", dem „-damm" oder der „-straße" etc. ein aus Hauptwörtern zusammengesetztes Bestimmungswort vorausgeht:

Königsallee
Hindenburgdamm
Christianskai
Brandstraße

Angemerkt: Wenn Sie bei Straßennamen mit Personennamen nicht sicher sind, ob Bindestrich oder nicht, dann setzen Sie Bindestriche: Carl-Schurz-Straße (diese Schreibweise ist korrekt und üblich).

3.3

Buchstabier-Alphabet für Diktat und Text

Deutschland		Ausland		Nato-Alphabet	
A	Anton	A	Amsterdam	A	Alpha
Ä	Ärger	B	Baltimore	B	Bravo
B	Berta	C	Casablanca	C	Charly
C	Cäsar	D	Dänemark	D	Delta
CH	Charlotte	E	Edison	E	Echo
D	Dora	F	Florida	F	Foxtrott
E	Emil	G	Gallipoli	G	Gold
F	Friedrich	H	Havanna	H	Hotel
G	Gustav	I	Italia	I	India
H	Heinrich	J	Jerusalem	J	Juliett
I	Ida	K	Kilogramm	K	Kilo
J	Julius	L	Liverpool	L	Lima
K	Kaufmann	M	Madagaskar	M	Mike
L	Ludwig	N	New York	N	November
M	Martha	O	Oslo	O	Oskar
N	Nordpol	P	Paris	P	Papa
O	Otto	Q	Quebec	Q	Quebec
Ö	Ökonom	R	Roma	R	Romeo
P	Paula	S	Santiago	S	Sierra
Q	Quelle	T	Tripolis	T	Tango
R	Richard	U	Uppsala	U	Uniform
S	Samuel	V	Valencia	V	Viktor
SCH	Schule	W	Washington	W	Whisky
ß	Eszett	X	Xanthippe	X	X-Ray
T	Theodor	Y	Yokohama	Y	Yankee
U	Ulrich	Z	Zürich	Z	Zulu
Ü	Übermut				
V	Viktor				
W	Wilhelm				
X	Xanthippe				
Y	Ypsilon				
Z	Zacharias				

3.4 Musterbrief A4 (Vorschlag)

5 31.03.88
.
b-w

Erklärungen: 5 Briefbeginn, 10 Fluchtlinie links, 13 Art der Sendung (Eilbote, Persönlich, Einschreiben-Rückschein, etc.), 15 Adresse beginnt, 24 Bezug, 26 Betreff, 75 Fluchtlinie rechts

13 Einschreiben
.
15 Yello Sport GmbH
Vertriebsabteilung
Postfach 30 14 40
.
50819 Köln

Ihr Ansprechpartner ______

.
.
.
24 Ihre Nachricht vom 20.03.88
.
LACOSTE-Collection '88
.
.
Sehr geehrte/r ...,
.
vielen Dank für Ihr Schreiben.
.
XXXXXXXXXXXXXXXXXXXXXXXXXXXXXXXXXXXX
XXXXXXXXXXXXXXXXXXXXXXXXXXXXX.
10 .
XXXXXXXXXXXXXXXXXXXXXXXXXXXXXXXXXXXX 75
XXXXXXXXXXX.
.
XXXXXXXXXXXXXXXXXXXXXXXXXXXXXXXXXXX.
.
Mit freundlichen Grüßen
.
Ihr/e
Unterschrift
.
.
.
.
Preisliste '88
.

3.5

Die 7 Briefelemente

1. Der Bezug
   Ihre Nachricht, Ihr Brief, Ihr Schreiben, Ihr Telefonat, …

2. Der Betreff
   Die Angelegenheit, um die es geht
   Achtung: Bitte „Bezug“ und „Betreff“ nicht schreiben (!)

3. Die Anrede
   Sehr geehrte Frau …/Sehr geehrter Herr … (damit liegen Sie immer richtig)

4. Der Anfang
   Ein kleiner Dank für das Schreiben, den Brief, die Zeilen („vielen Dank für Ihre Nachricht.“)
   Das Wichtigste an den Anfang, das Positive für den anderen vorweg nennen/damit beginnen. Am besten, Sie kommen im ersten Satz zur Sache.

5. Der Schluß
   Beenden Sie den Brieftext positiv, bringen Sie noch einmal „Stärke“, um die gewünschte Resonanz zu bekommen.

6. Der Gruß
   Grüßen Sie so: „Mit freundlichen Grüßen“ oder „Es grüßt Sie freundlich“ oder „Mit freundlichem Gruß“ – die Grußformel steht allein (!) Schreiben Sie Ihren Namen unter die Grußformel, aber nicht in Klammern setzen.

7. Die Anlagen
   Schreiben Sie nicht einfach „Anlagen“, sondern nennen Sie die Anlagen. Zum Beispiel: Preisliste, Muster, Kopie, Prospekt, etc. Nicht unterstreichen.

(8.) PS:
   Bitte bringen Sie unter „PS:“ etwas Wesentliches, bringen Sie aber keinen neuen Brief zustande. Das, was hinter dem „PS:“ kommt, muß elektrisieren, aufrütteln, wachmachen, falls es Ihr Brieftext nicht geschafft hat.
   Schreiben Sie „PS:“ immer so; falsch: ”P. S.“ (postes scriptum).

3.6 Abkürzungen

Abkürzungen sind vielfach Glücksache; nicht nur von der Schreibweise, sondern auch von der Verständlichkeit her. Gerade in Unternehmen mit einer Insidersprache versteht ein Außenstehender nur noch Bahnhof. Beispiele:

BL, DdG, DdL, FB, GL, Dr. mult., AIDS, sfrs.

Und hier die Lösung: Bezirksleiter, Direktor der Gebietsdirektion, Direktor der Landesdirektion, Finanzierungsberater, Gruppenleiter, Dr. multiplex (mehrfacher Doktor), Acquired Immune Deficiency Syndrome (Immunschwächesyndrom), Schweizer Franken.

Schlimm wird's aber, wenn selbst das Deutsche Institut für Normung, Normenausschuß Bürowesen, einfachste Abkürzungen nicht regelt. Originalton DIN: „… ob mit „ff." auf Folgeseiten, egal ob nur eine oder mehrere (Seiten), hingewiesen wird, legt DIN 5008 (Regeln für Maschineschreiben) nicht fest, da in der Norm selbst nur Beispiele von Abkürzungen gegeben sind, das heißt die Schreibweise der Abkürzungen …" Wie denn nun? Ganz einfach – so: „ff." (folgende Seiten).

Und wie steht es mit Abkürzungen in den Zeitungen? Schlagen wir mal die Seite „Kraftfahrzeugmarkt" auf: „… ABS, ATM, Col., CR, EZ, LM-Felg., met., SKD, ZV, 8f. ber., … Na, können Sie's „übersetzen"? ABS – Antiblockiersystem, ATM – Austauschmotor, Col. – Colorverglasung, CR – Cassettenradio, EZ – Erstzulassung, LM-Felg. – Leichtmetallfelgen, met. – metallic, SKD – Stahlkurbeldach, ZV – Zentralverriegelung, 8f. ber. – mit Winterreifen.

In Werbeanzeigen sieht es mit Abkürzungen auch nicht viel besser aus: „Kompl. Eßzimmer, mit allem, was z. gut. Geschm. gehört. In erles. Matr. excl. verarb. Tische in vielf. Größen-Var., attr. Sideboards u. ansprechende Vitrinen. Kompl. od. auch einzeln." (Originaltext!)

Noch eine Variante? Vielleicht aus einer Bundesanstalt? „… auf die Vorschriften der §§ 41 bis 49 und 56, 57 ff AFG wird hingewiesen. Nach § 13 Abs. 3 AVG (entsprechend § 1236 Abs. 3 RVO) braucht die BfA nicht zu leisten … auf die Vorschrift des § 75 Abs. 5 SGG wird hingewiesen …" (Originalton!) Verstehen Sie's? Sie sagen „L M A A"? Recht haben Sie. Lächle mehr als andere über die AKÜ-(Abkürzungs-)Sprache und mach's richtig. Nur Abkürzungen, die allgemein üblich sind, die jeder auf Anhieb versteht. Aber bitte nicht „allgemein üblich" mit

„gebräuchlich“ verwechseln, weil sie schlicht falsch und unsinnig sind. Hier sind einige besonders „gebräuchliche“ (unsinnige/falsche) Abkürzungen:

dch.	– durch
d. h.	– das heißt
ds. Mts.	– dieses Monats
erw.	– erweitert? erwiesen? erwischt?
für F. Mahler	– für Frau Mahler
da f. die	– da für die
z. gefl. Kts.	– zur geflügelten Kenntnis?
höfl.	– höflich
P. S.	– Postskriptum (richtig: PS:)
ungek.	– ungeküßt? ungekündigt?
z. Zt.	– zur Zeit
...	

Weshalb dann nicht gleich ausschreiben? Weil Abkürzungen sowohl Zeit als auch Anschläge sparen. Aber verwenden Sie nur verständliche, bekannte Abkürzungen. Schreiben Sie buchstäblich gesprochene Abkürzungen wie DGB, ZPO oder BGH ohne Punkt und ohne Leerschritt, alle anderen Abkürzungen wie b. w. (bitte wenden), i. A. (im Auftrag) oder e. V. (eingetragener Verein) mit Punkt und Leerschritt.

Abk.	Abkürzung
Abt.	Abteilung
AG	Aktiengesellschaft
AStA	Allgemeiner Studentenausschuß
a. Z.	auf Zeit
Azubi	Auszubildender

Bd.	Band
BGB	Bürgerliches Gesetzbuch
BLZ	Bankleitzahl
btx	Bildschirmtext
ca.	cirka
cbm	Kubikmeter
CD	Corps Diplomatique
cm	Zentimeter
desgl.	desgleichen
dgl.	dergleichen
DIN	Deutsche Industrienorm
dju	Deutsche Journalistenunion
Dtzd.	Dutzend
DV/EDV	Datenverarbeitung
dz.	derzeit
einschl.	einschließlich
etc.	etcetera
ev.	evangelisch
evtl.	eventuell
ff	sehr fein
ffr.	französischer Franc
Ft.	Forint
ges. gesch.	gesetzlich geschützt
GWA	Gesellschaft Werbeagenturen
GWh	Gigawattstunde
h (km/h)	Stunde/Stundenkilometer
hl	Hektoliter
hrsg.	herausgegeben

ill.	illustriert
incl.	inklusiv/e
I. u. A. v.	Irrtum und Auslassungen vorbehalten
IYHF	International Youth Hostel Federation (Internationaler Jugendherbergsverband)
jr./jun.	junior
jur.	juristisch
Jusos	Jungsozialisten
kath.	katholisch
KG	Kommanditgesellschaft
k. o.	knock out
K. o.	Knockout
kW	Kilowatt
Ky.	Kentucky
lfd.	laufend
Ltd.	limited
LZB	Landeszentralbank
mg	Milligramm
Mss.	Manuskripte
µW	Mikrowatt
m. W. v.	mit Wirkung vom
n. Chr.	nach Christus
n. u. Z.	nach unserer Zeitrechnung
n. zul.	nicht zulässig
o. ä.	oder ähnliche/s
op.	operativ
OP	Operationssaal
o. W.	ohne Wert

§/§§	Paragraph/en
PS:	Postskriptum
PSchA	Postscheckamt
PVC	Polyvinylchlorid
PX	Post Exchange
qual.	qualifiziert
Quart.	Quartal
RP	réponse payée
Rp.	Rezept/recipe = nimm!
R. v.	Rücksendung vorbehalten
s.	siehe
Sek./sec.	Sekunde
sen.	senior
s. Z.	seinerzeit/(seiner Zeit)
t	Tonne
T./Tel.	Telefon
TÜV	Technischer Überwachungsverein
typ.	typografisch
u. ä.	und ähnliche/s
u. a.	unter anderem
usf.	und so fort
usw.	und so weiter
u. v. a.	und viele/s andere
US $	US-Dollar
u. U.	unter Umständen
u. V.	unter Vorbehalt
u. W.	unseres Wissens
UZ	Ursprungszeugnis/Ursprungszertifikat

v. Chr.	vor Christus
vergl.	vergleiche
VIP	very important person
v. u. Z.	vor unserer Zeitrechnung
Vs.	Vorderseite
v. u.	von unten
v. v. n. h.	von vorn nach hinten
VW	Volkswagen
WHO	World Health Organization
WC	water closet
wg.	wegen
w. ü.	wie üblich
WWF	World Wildlife Fund
X	Xenon (Element)
YMCA	Young Men's Christian Association
YWCA	Young Women's Christian Association
z. B.	zum Beispiel
ZEVIS	Zentrales Verkehrsinformationssystem
z. H.	zu Händen
z. K.	zur Kenntnis
z. T.	zum Teil
z. Wv.	zur Wiedervorlage
zyl.	zylindrisch
zzgl.	zuzüglich

4

Korrespondieren mit Fantasie, Geist und Gefühl

Stets gilt es zu bedenken, daß nichts schwieriger durchzuführen, nichts von zweifelhafteren Erfolgsaussichten begleitet und nichts gefährlicher zu handhaben ist als eine Neuordnung der Dinge.

Niccolo Machiavelli

Sie sind in Ihrem Unternehmen total auf den modernen Mitteilungsstil eingeschworen? Meinen Glückwunsch! Sie sind sich nicht sicher, ob Sie ihn praktizieren? Versuchen wir's gemeinsam. Als erstes die drei Gebote, an denen Sie nicht vorbeikommen:

– Je mehr Worte du machst, desto mehr Unsinn redest du (Weisheit aus der Bibel)
– Zeig, daß du Fantasie/Ideen hast
– Schlag die Zeit des anderen nicht tot

Zweitens einige Prinzipien, auf die Sie als Sekretärin nicht verzichten sollten: Sprechen Sie nie über Selbstverständlichkeiten, lieber zehn Minuten denken als zehn Stunden tippen, formulieren, diktieren, und werden Sie zeitempfindlich. Eine Zeitschinderin. Mit dieser Geisteshaltung werden Ihre Texte in Zukunft anders sein. Deshalb mobilisieren Sie Ihre Kreativität, um eine neue Art der schriftlichen Kommunikation mit Ihren Geschäftspartnern zu ermöglichen. Der moderne Mitteilungsstil hilft Ihnen, alternative Ideen oder neue Angebote wirksam zu transportieren und dadurch Verhaltensänderungen zu bewirken. Es genügt jedoch nicht, vieles zu wissen, zu wollen oder zu können. Der Beweis Ihres Wissens, Wollens und Könnens ist Ihr Tun.

4.1 Wie praktiziere ich den modernen Mitteilungsstil?

Steigen Sie nach der Anrede positiv ein (evtl. eine Passage aus dem Schreiben des anderen aufgreifen), oder kommen Sie gleich im ersten Satz zur Sache. Ohne Vorreiter. Was ist die angenehme Nachricht/Information für den Geschäftspartner? Überraschen Sie ihn damit am Anfang Ihres Briefes. Jetzt bringen Sie im nächsten Absatz die Information sach- und faktengerecht. Machen Sie nach jeder Sinneinheit einen Absatz, alles kurz und knapp. Denken Sie dabei an Kiss: keep it simple and stupid (halt es einfach und verständlich). Ihren Brieftext lassen

Sie positiv ausklingen, um Sympathie und Vertrauen zu erreichen. Nicht möglich? Formulieren Sie den letzten Satz „stark“. Unterschrift. Fertig. Nein, halt. Sie haben noch ein „PS:“ nach den freundlichen Grüßen. Nutzen Sie diese wirksame Form der schriftlichen Kommunikation. Bringen Sie Wichtiges, Wesentliches, aber beginnen Sie keinen neuen Brief. Wie sieht das in praxi aus?

Sehr geehrte …

Vielen Dank für Ihre Nachricht.

– jetzt formulieren Sie zum Sachverhalt –
– positiver Schluß oder Frage stellen oder zu etwas auffordern oder einen Nachwerbesatz oder „starken“ Satz –

Mit einem freundlichen Gruß
Ihr/e

Unterschrift

PS: Informieren Sie sich auf Seite 3 unseres XY-Prospekts über …

Alles verstanden? Ein Beispiel wäre besser. Gut, hier der Sachverhalt: Firma XY bestellte für 1 500,00 DM Waren. Aus irgendwelchen Gründen wurde der/das Skonto vergessen. XY beanstandet deshalb die Rechnung.

Vorschlag:

Ihre Nachricht vom 09.03.89
Rechnung 1144 vom 20.02.89

Sehr geehrte Frau Heckel

Vielen Dank für Ihr Schreiben (vom …).

Sie haben recht: Bei Ihrer Rechnung haben wir den/das Skonto übersehen – bitte entschuldigen Sie. Wir haben sofort 70,00 DM auf Ihr Konto bei der Dresdner Bank überwiesen. Die Gutschrift können Sie in Ihrem nächsten Kontoauszug feststellen.

Bitte betrachten Sie den Vorfall als das, was er ist: eine Ausnahme.

Es grüßt Sie freundlich

PS: Jetzt können sie mit kürzeren Lieferzeiten für … rechnen.

Und hier das Beispiel im Originaltext (kein moderner Mitteilungsstil):

Ihr Schreiben vom 9.3.89

Sehr verehrte Frau Heckel,

bezüglich Ihres Schreibens bestätigen wir dankend den Erhalt desselben und nehmen wie folgt Stellung:

Nach sofortiger Überprüfung der von Ihnen reklamierten Rechnung vom 20.2.89 stellten wir fest, daß unsererseits vergessen wurde, die Gewährung des Ihnen eingeräumten Skontos von 70,-- DM zu berücksichtigen. Aus diesem Grunde ist Ihnen leider ein höherer Betrag in Rechnung gestellt worden. Das bedauerliche Versehen ist uns außerordentlich peinlich, wofür wir Sie hiermit um Entschuldigung bitten.

Unsere Buchhaltung haben wir umgehend angewiesen, die Rücküberweisung des Unterschiedsbetrages an Sie zu veranlassen. Sie können davon ausgehen, daß Ihnen in den nächsten Tagen der Betrag in Höhe von DM 70,-- zugeht.

In der Hoffnung, somit die Angelegenheit zu Ihrer vollsten Zufriedenheit erledigt zu haben, empfehlen wir uns

mit freundlichen Grüßen

Ein toller Sprachsound, nicht wahr? Worin unterscheidet sich dieser Text vom Schreiben im modernen Mitteilungsstil?

Ihre Antwort: ____

Sie haben es erkannt: zu langatmig, Bürokratendeutsch, Kriechspuren schwarz auf weiß, Nominalstil, …

Sie wollen es genau wissen? Bitte:

verehrte/r	wirkt geschwollen/besser: sehr geehrte …
bezüglich	Bürokratendeutsch, weg mit der gesamten „Bezugerei“
dankend	Partizip (Mittelwort) nicht an den Satzanfang, besser: vielen Dank für Ihr Schreiben
desselben	Kanzleistil – weg damit
Überprüfung	-ung-Wort und unsinnig: überprüft werden Sie an der Grenze, Prüfung/prüfen reicht
stellten wir fest	logisch: wer prüft, stellt immer etwas fest. Sagen Sie, was Sie feststellen (!)
unsererseits	wer schreibt denn?
Gewährung	-ung-Wort
aus diesem Grunde	wallt der Nebel/besser: deshalb

höherer Betrag	zwei Meter vom Boden weg? Kanzleistil
in Rechnung gestellt	„berechnet" wäre auch zu einfach – oder?
bedauerliches Versehen	psychologisch negativ. Ein Versehen ist bedauerlich genug – weg damit
außerordentlich peinlich	Phrase
hiermit um Entschuldigung	für die Peinlichkeit oder das Versehen?
unserer Buchhaltung	-ung-Wort, außerdem entbehrlich
Rücküberweisung	Es gibt nur eine Überweisung, so wie es nur Erstattung oder Antwort gibt (keine Rückerstattung oder Rückantwort).
Unterschiedsbetrages	geschraubter geht's nun wirklich nicht mehr
veranlassen	sollte man lassen, statt dessen direkt sagen
davon ausgehen	von wo aus?
der Betrag in Höhe von	richtig: der Betrag von …
in der Hoffnung	na dann: gute Niederkunft!
Ihrer vollsten Zufriedenheit	Phrase, außerdem unsinniger Superlativ

erledigt	der Erledigte der Erledigung? Besser: geregelt
empfehlen	besser wäre zu grüßen
mit freundlichen Grüßen	linksbündig wäre korrekt

4.2 Fehlerquellen

Es leuchtet ein, wie man korrespondieren könnte. Viele praktizieren es erfolgreich. Um so zu korrespondieren, müssen Sie die häufigsten Fehlerquellen kennen. Wo werden Fehler produziert? Antwort: in der Grammatik, in der Stilistik und in der Psychologie. Im einzelnen: Grammatik: Apostroph (auch „Pedantenhäkchen" genannt) wird falsch gesetzt (z. B. für's statt richtig fürs), Klein- oder Großschreibung nach dem Doppelpunkt, falscher Genitiv-(Wes-Fall)- Gebrauch, Interpunktion (Zeichensetzung) ist meist Glückssache, Konjunktiv II wird meist mit „würde" umschrieben – weshalb nur? Ein Blick in den Duden genügte, um den Konjunktiv II richtig anzuwenden. Orthographie (Rechtschreibung) ist häufig der Anlaß für Nocheinmalschreiben müssen. Und die leidige Zusammen- und Getrenntschreibung/Groß- und Kleinschreibung vervollständigt das grammatische Dilemma. Wie Sie dem begegnen können? Durch Üben.

Welche Fehler herrschen in der Stilistik vor? Häufiger Ausrufezeichen-Gebrauch, die unausrottbare Hauptwörterei, unsinnige Partizipien (Mittelwörter), Passivformulierungen anstelle des motivierenden Aktivstils, Pleonasmen/Tautologien (dasselbe noch einmal sagen, z. B. restlos ausverkauft: ausverkauft ist ausverkauft – was ist restlos ausverkauft?), Schachtelsätze, die meist ins Chaos führen, oder Superbandwurmendlossätze, die den Leser nach dem Sinn fragen lassen. Oder nehmen Sie die unsinnigen Superlative: Einen guten Stilisten erkennen Sie daran, daß er selten Superlative einsetzt. Die Vorsilben ab-, an-, auf- und über- sind meist überflüssig, ebenso die Nachsilben -bar, -maßen, -weise.

Eine Sprache ohne Psychologie wäre keine Sprache. Gerade in der schriftlichen Kommunikation. Hier leistet man sich einiges: reizende Formulierungen, Negativ- oder Stacheldrahtwörter und die Ichwiritis. Daß es auch anders geht, können Sie im Kapitel Stilistik und Psychologie nachlesen.

Wie sollen Sie diese möglichen Fehlerquellen auf die Reihe bringen? Mit dem folgenden Checkcode. Er entstand aus der Analyse von 4000 Schreiben, Texten und Textbausteinen. In schöner Regelmäßigkeit tauchen diese Fehler immer wieder auf. Wenn Sie sich auf den Checkcode einspielen, werden Sie die Fehlerquellen elegant umgehen können. Machen Sie die berühmte Probe aufs Exempel: Testen Sie sich im Kapitel „Momentaufnahme“. Wenn Sie diesen Test hinter sich haben, sind Sie gefeit gegen Text- und Sprachmüll. Im Test finden Sie *nur* Originalbeispiele: aus der Praxis für die Praxis.

4.2.1 Fehler-Checkcode

A	Abkürzungen
AA	Amerikanismen/Anglizismen
B	Bildungsjargon
Bd	Bürokratendeutsch
F	Fremdwörterei
G	Grammatikfehler
L	Logikfehler
M	Modischer Schnickschnack
N	Normfehler
	DIN 5008
p	Phrasen
R	Rechtschreibfehler
RN	Reiz- und Negativwörter/-Formulierungen Psychologische Fehler
V	Verdoppelungen (Pleonasmen/Tautologien)

4.2.2 Erklärung Fehler-Checkcode

A	unsinnige Abkürzungen, z. B. o. g., o. a., d. h., d. M., gr., frdl., …
AA	z. B. action, background, freak, inside, skydream, …
B	optimieren, relativieren, immanent, kognitiv, interaktiv, …
Bd	diesbezüglich, hinsichtlich, obiges, seitens, zum Zwecke, beauskunften, …
F	modular, didaktisch, liquid, vertikal, innovativ, stringent, …

G	Interpunktion, Apposition, Wes-Fall, Groß-/Klein-/Getrennt-/Zusammenschreibung, Silbentrennungen, …
L	„ … die Nebenwirkungen sind gering: Schwindel, Erbrechen, Koma, …
M	spontan, echt, Priorität, ausgewogen, artikulieren, optimal, …
N	Maschinenschreibregeln DIN 5008 – z. B. Postfachnummern zweistellig 3 44 22, Telefonnummern (09 11) 33 55 71 oder Abkürzungen „z. H.“, „z. Z.“, z. K. oder …
P	vorzüglicher Hochachtung, höflichst, bedauerlicherweise, verbindlichsten Dank, liebenswürdigerweise, …
RN	falsch, teuer, müssen, nämlich, reklamieren, ärgerlich, …
V	(Pleonasmus/Tautologie) dasselbe noch einmal sagen: restlos ausverkauft, zusammenaddieren, Grundprinzip, weißer Schimmel, …

4.3 Deutsche Korrespondenz heute – Spiegelbild oder Zerrspiegel?

In diesem Kapitel finden Sie eine Vielzahl von Beispielen aus der Praxis. Es sind alles Originalpassagen aus Briefen, Mitteilungen (Haus-/Kurzmitteilungen) oder Rundschreiben.

Bitte versuchen Sie alle Fehler zu entdecken, bevor Sie die Lösung nachschlagen. Nehmen Sie sich für diese Übungen ein wenig Zeit. Schließlich sollen Sie gegen sprachliches Kopfsteinpflaster und Sprachmüll sensibilisiert werden. Es sind alle Fehler vorhanden, die täglich in Sekretariat, Korrespondenz oder Schreibdienst gemacht werden. Listen Sie die Fehler mit Bezeichnungen auf. Es sind immer dieselben: falsche Abkürzungen, DIN 5008-Fehler, Amerikanismen, Bürokratendeutsch (Kanzleistil), Bildungsjargon, Fach- und Fremdwörter, Grammatikfehler, Stacheldrahtwörter, Killerphrasen, Negativformulierungen, unsinnige Partizipien und Verdoppelungen, … „Stricken" Sie sich Ihren eigenen Checkcode, indem Sie sich fragen: „Formuliere ich auch so?" Wenn Sie das verneinen, blättern Sie weiter zur nächsten Übung. Was bleibt? Daran müssen Sie künftig arbeiten. Zum Beispiel: Sie haben noch nicht richtig die Maschinenschreibregeln (DIN 5008) im Griff. Schlagen Sie das Kapitel „DIN 5008" auf. Oder Sie formulieren zu lange Sätze – üben Sie im Kapitel „Stilistik". Mit psychologisch richtigen Formulierungen haut es noch nicht so hin? Das Kapitel „Psychologie" nachlesen ... Sind Sie bereit? Ihre Lösung können Sie mit denen auf den nächsten Seiten vergleichen.

Vorschlag: Bitte wenden Sie bei diesem Test den Fehlercheckcode an. Sie haben es dann leichter, rasch die Lösung zu finden. Und Sie bekommen ihn „in den Griff" für Ihre Texte.

4.3.1 Wenn schon der Anfang falsch ist ...

1 Bundesministerium der ...
– Bibliothek –
– 5430/1 II – 4 – 3077/86 –

Herrn
Wolfgang W
Hummerstraße 10

90459 Nürnberg

2 Betr.: Berufsförderung
Bezug: Ihr Schreiben vom 26.2.86;
mein Schreiben vom 14.3.86

3 Betr.: Ihr Schreiben vom 9. Nov.
Sehr geehrter Herr W ...
wir danken für Ihr o.a. Schreiben. Gerne sind wir bereit, Ihnen in

4 Betr.: D.A.S. Deutscher Automobil Schutz Allgemeine Rechtsschutz-Versicherungs-Aktiengesellschaft
Bezug: Ihr Schreiben vom 23. November 1989

5 Sehr geehrter …
höflich Bezug nehmend auf unser Schreiben vom 17.12.87 möchten wir Sie bitten, unter der Nummer 58 60 3-57 mit unserem Bezirksdirektor Herrn Thein Verbindung aufzunehmen, damit ein Besprechungstermin vereinbart werden kann.
Gerne hören wir wieder von Ihnen und verbleiben
mit freundlichen Grüßen

6 Sehr geehrter Herr … !
In Erwiderung auf Ihr Schreiben vom 27. März 1986, das am 15. Mai hier einging, weise ich Sie darauf hin, daß sich eine Beschwerde an die Kommission für Menschenrechte nur auf konkrete Akte hoheitlicher Gewalt beziehen kann.

7 Sehr geehrte …
Maßgebend für die Kostendeckung einer von Ihnen in Aussicht genommenen Anfechtungsklage gegen die Ablehnung eines Abhilfegesuches durch das Bayerische Staatsministerium für Unterricht und Kultus ist der von Ihnen am 19. Dezember 1977 abgeschlossene Familien- und Verkehrs-Rechtschutz nach § 24 ARB 75. Die Leistungspflicht des Versicherers beginnt nach § 1 Abs. 1 Satz 1 ARB mit dem Eintritt des Versicherungsfalles. Als Versicherungsfall beim Schadenersatz – Rechtsschutz gilt gemäß § 14 Abs. 1 ARB das dem Anspruch des Versicherungsnehmers.

8 in obiger Sache anliegend Beschluß des Landgerichts Nürnberg-Fürth vom 17.02.86 zur Kenntnisnahme.

9 bezugnehmend auf Ihre Anfrage vom 14. Jan. 1986, mit der Sie die näheren bibliographischen Daten zu der Festschrift

für Richard Schmid erbitten, gebe ich sie Ihnen wie nachstehend …

10 herzlichen Dank für Ihr Schreiben nebst Unterlagen vom 24. August
Wir verweisen auf unseren Brief vom 28. Februar

Lösung „Wenn schon der Anfang falsch ist …“

1 Post- und DIN 5008-gerechte Adressierung:
Herrn
Wolfgang W …
Hummerstr. 10
90459 Nürnberg
Bestimmungsort wird nicht unterstrichen

2 Falsch: „Betr.:“ und „Bezug:“ wird nicht geschrieben, auch nicht unterstrichen. Außerdem kommt erst der Bezug – dann der Betreff (1. Worauf beziehe ich mich? 2. Worum geht's?).
Richtig: Ihr Schreiben vom 26.02.86
Berufsförderung

3 Falsch: „Betr.:“, Schreibweise des Datums, und die Abkürzung „o. a.“
Richtig: Ihr Schreiben vom 09.11.86

4 Falsch: „Betr.:“/„Bezug:“/„D.A.S.“ (der DAS ist nicht die F. D. P. (auch diese Schreibweise ist falsch; aus Imagegründen mit Punkt-Schreibweise)
Richtig: DAS Deutscher Automobilschutz

5 Falsch: „höflich“ – wer im Deutschen höflich ist – der lügt (Goethe). „Bezug nehmend“ ist Kanzleistil pur – weg damit. „ … möchten wir Sie bitten“ ist passiv, moderne Korrespondenz muß aktiv sein: bitte rufen Sie …

Richtig: bitte rufen Sie Herrn Th… wegen eines Gesprächstermins an: 5 86 03-57. Am besten …

6 Falsch: das Ausrufezeichen nach der Anrede (entweder Komma oder kein Satzzeichen), zwei Zeilenschaltungen und groß Brieftext beginnen. „vom 27. März … am 15. Mai …“ Worauf wird geantwortet? Das steht im Betreff/Bezug. Müßig, auf das Bürokratendeutsch einzugehen. Zum Beispiel: „einging“ – und wie.

Richtig: Sehr geehrter Herr W…,
eine Beschwerde an … kann sich nur auf …

7 Falsch: Weshalb ein Partizip (Mittelwort) „Maßgebend“ an den Satzanfang? Sehr schlechter Stil – immer. Warum so ein „Abbrechen“: „ … einer von Ihnen in Aussicht genommenen … ist der von Ihnen … abgeschlossene …“ Geht's noch umständlicher? Antwort: Nein. Wissen Sie zufällig, was „nach § 24 ARB 75 … nach § 1 Abs. 1 Satz 1 ARB … gemäß § 14 Abs. 14 Abs. 1 ARB …“ bedeutet? Ich auch nicht.

Richtig: Ihre Anfechtungsklage gegen … können Sie … mit Ihrem Familien- und Verkehrs-Rechtsschutz … beim … einreichen …

8 Falsch: „In obiger Sache“ – wo ist die „untige“? „anliegend“ ist ein unnötiges Partizip/“ zur Kennt-

nisnahme“ – wozu sonst? Aber weshalb nicht wenigstens „Kenntnis“ – oder verstünde man es ohne „-nahme“ nicht ?

Richtig: anbei erhalten Sie den Beschluß des … vom …

9 Falsch: „bezugnehmend“ gibt es nicht – Duden: Bezug nehmend – aber auch das ist sprachliches Kopfsteinpflaster, besser: direkt, aktiv formulieren. „14. Jan. 1986“ – entweder „14.01.86“ oder 14. Januar '86/1986“ – die Monatsnamen buchstäblich abzukürzen ist unsinnig. Eben. „erbitten“ – was ist das? Erhöre uns, erbitte uns, erleuchte uns?

Richtig: die bibliographischen Daten zur Fest … können Sie beim …

10 Falsch: „herzlichen Dank“? „nebst“? „verweisen“?
Lösung: Amtsdeutsch in Vollendung – bbbrrrr.

4.3.2 Was fällt Ihnen sofort auf?

1 In der Anlage übersenden wir Ihnen unseren ausführlichen Prospekt sowie die Verkaufspreisliste mit unverbindlichen Preisempfehlungen. Für nähere Informationen stehen wir bzw. unsere Fachhändler Ihnen jederzeit gerne zur Verfügung.

2 … werbung sein. Dem beiliegenden Programm können Sie entnehmen, daß wir bei der Auswahl der Themen den Anregungen für eine kreative Gestaltung attraktiver und erfolgreicher Hörfunkwerbung breiten Raum gegeben haben.

3 Auch eine solitäre fachärztliche Gutachterstelle ist die Schlichtung der Bayerischen Landesärztekammer nicht.

4 Nach unserer Geschäfts- und Verfahrensordnung schließt der primäre Gerichtsweg unser Intervenieren aus.

5 Wir fügen die im … berücksichtigten Termini sowie …

6 Die uns eingereichte Anlage senden wir Ihnen anliegend zurück.

7 … in obiger Sache habe ich die Gerichtsakten eingesehen und werde in den nächsten Tagen schriftsätzlich zu der gegebenen Sach- und Rechtslage Stellung nehmen.

8 Die uns überlassenen Unterlagen reichen wir anliegend wieder an Sie zurück.

9 …schaftler aus aller Welt – auch Rußland – sind laufend bemüht, an der deutschen Forschung zu partizipieren.

10 Wenn ja, würden wir uns freuen, wenn Sie es uns zur Prüfung übersenden. Anderenfalls würden wir Sie bitten, …

11 Ich darf mir erlauben, Sie zu dieser Veranstaltung, dem …

12 Ich war länger in Schweden und habe gerade einen gr. Verlag für 2,2 Mill. verkauft.

13 Die Sache mit der L'agentur vergessen Sie, weil doch keiner davon leben kann. Dann müßte eben die Abnahmequote größer sein. Aus zeitl. und sonstigen Gründen bin ich …

14 … diesem noch zur Unterschriftsleistung zurückzureichen.

15 Es tut mir leid, mit dem Job ist's also Essig.

Mit freundlichen Grüßen

Lösung „Was fällt Ihnen sofort auf?"

1 „In der Anlage …" übergibt man sich/„übersenden" – besser: erhalten Sie; " … Ihnen jederzeit gerne …" – auch nachts? Das „e" bei „gerne" ist unnötig, am besten verzichtet man auf „gerne". Direkt sagen: Mit diesem Schreiben/hiermit erhalten Sie unseren …

2 „kreativ" ist heute alles (creado = ich schaffe)/ „attraktiv" – übersetzen Sie mal „attraktiv" – na? „breiten Raum" – wie breit? Besser: Bitte informieren Sie sich anhand des … über erfolgreiche Hörfunkwerbung und …" Zu einfach?

3 „solitäre" – qu'est-ce-que c'est? frz. „solitaire = einsam/abgelegen"

4 „primäre (vorrangig) … Intervenieren (beitreten/vermitteln) …" – haben Sie auch das Große Latinum?

5 „Termini" (nicht Rimini) ist die Mehrzahl (Plural) von Terminus = Fachwort oder Fachausdruck. Nächstes Mal eine Nummer kleiner, denn nicht jeder hat die höheren akademischen Weihen.

6 Haben Sie schon mal eine „Anlage" eingereicht, die Ihnen dann „anliegend" zurückgeschickt wird? Toll!

7 „… in obiger“ – aha; „schriftsätzlich“ -uiiii; „gegebenen“ – was sonst? „Stellung“ – welche? Vorschlag: Ich habe die Gerichtsakten gelesen und werde Sie zur Sach- und Rechtslage in den nächsten Tagen informieren …

8 Verdoppelungen im Parademarsch: „die uns …“ – wem sonst? „überlassenen“ – logisch, „reichen wir“ – wie „reichen“ die das? „anliegend“ – so, so; „wieder“ – noch einmal? „an Sie“ – hätten Sie's gemerkt? Vorschlag: Ihre Unterlagen erhalten Sie anbei zurück.

9 „auch Rußland“ – schauen Sie mal auf die Landkarte von 1988. Sie finden nur Sowjetunion, UdSSR oder eine Union der Sozialistischen Sowjetrepubliken. Rußland hat am 07.11.1917 aufgehört zu bestehen, jetzt heißt dieses Land Sowjetunion. „partizipieren“ – teilhaben, doch wer will's so schlicht und verständlich?

10 „würden wir … würden wir Sie bitten …“ Nach seines Amtes Bürde, sagt jeder nur, was er sagen würde. Vorschlag: Bitte schicken Sie uns Ihr/e … oder ein kurzes Inhalts …

11 „ich darf mir erlauben“ – er/sie sich? Oh!

12 „länger“ – wie lang? 1,90 m? „gr. Verlag“ – gräßlich? „für 2,2 Mill. verkauft …“ 2,2 Mill. Nadeln, Eier oder was?

13 „L'agentur“ – Lach-, Los- oder Liebesagentur? „aus zeitl.“ – zeitlosen? „und sonstigen Gründen“ – welche bitte? Oder kennen Sie die Lösung des Rätselflugs in die AKü- (Abkürzungs-) Sprache?

14 „Unterschriftsleistung“ – ist das eine Leistung? Wie wär's

mit „unterschrieben zurück“ oder „unterschreiben Sie bitte … (das Formular/den Antrag/ …)

15 „es tut mir leid“ – wirklich? „ist's also Essig“. Wer sich so ausdrückt, bei dem müssen Vernunft und Denken auf Tauchstation sein.

4.3.3 Das Allerletzte

1 Verbindungen hat man nie am Anbeginn, die bekommt man. Nur man muß die Verlagslandschaft kennen. Ich habe Ihr Schreiben vom 18. Juni erhalten und danke Ihnen bestens.

Ich habe Ihre Darlegungen mit Interesse zur Kenntnis genommen.

Für Ihr Interesse an der von uns angebotenen Position eines Zeitschriften-Redakteurs danken wir Ihnen bestens.

Abschließend wollen wir noch festhalten, …

Für Ihre Überweisung von Fr. 240,– danke ich Ihnen bestens.

Wir danken Ihnen verbindlich für Ihr Schreiben vom …

Grundsätzlich nehmen wir nur hochwertige Originaldias ab.

Besten Dank für Ihr Schreiben vom 25.11.1989.

Wir beziehen uns auf Ihr Schreiben vom 04.05.1989.

Aus diesem Grunde sind wir der Meinung, zunächst …

Der Unterfertigte befindet sich allerdings bis …

Nur am Rande dürfen wir Sie bitten, das Original des …

Mit freundlichen Grüßen

Dr. M. M.
Principal
as „Pardon Dr. A. (einen Gruß von mir, er solls Ihnen zurück schicken, am besten mit der Brieftaube. npost.

2

Kurzerhand zur Kenntnis AN	VON
	Bearbeiter
	☎
	Ort und Datum

– hoffentlich begreifen Sie das
– kann sofort in den Papierkorb
– können wir nicht ändern, war schon immer so
– da haben Sie ihren Scheiß wieder
– unterschreiben, Widerrede zwecklos
– bloß nicht drüber nachdenken
– zu dem Unsinn von neulich
– da staunste, wah?
– damit Sie auch mal was auf dem Schreibtisch haben.

– sehen Sie zu, wie Sie das wieder loswerden
– von dummen Rückfragen bitte ich abzusehen
– den Mist bin ich erst mal los
– glauben Sie mir jetzt?
– bitte……………anrufen
– ....

——— Beilagen

Lösung „Das Allerletzte“

1 Anbeginn – mehr als Anfang oder Beginn?

danke Ihnen bestens – mehr als „vielen Dank“?

Darlegungen – Kanzleistil Anno 1900

an der von uns angebotenen – geht's noch geschraubter?

abschließend … festhalten – merkt man von selbst. Aber wer hält hier was fest?

Fr. 240,– – unsinnige Unterstreichung

verbindlich – wie dankt man „verbindlich“?

grundsätzlich – ein Prinzipienreiter hoch zu Roß?

besten Dank – diese Worthülse ist nicht auszurotten

wir beziehen – wie das „beziehen“ wohl vor sich geht?

sind der Meinung – haben Sie eine Meinung, oder haben Sie keine Meinung? Sagen Sie Ihre Meinung ohne „sind der Meinung“.

Der Unterfertigte – hatten wir schon

nur am Rande – wo ist der Rand?

Principal – kennen Sie eine/n Principal?

(einen Gruß von … – wo ist die Klammer zu? Weshalb mit Leerschritt in der Klammer?

zurück schicken – richtig hier: zurückschicken

2 Nach soviel ernsthaftem Lernen: LM = Lächle mal!

4.3.4 Abkürzungen

1 Nun, ich habe wirklich noch einen lebhaften Musikverlag, wo tägl.

2 den mittleren Schulabschluß bzw. die sog. mittlere Reife. Ihre Bildungsaufgabe besteht nach Artikel 13 BayEUG darin, sowohl eine gehobene Allgemeinbildung als auch eine berufliche

3 die auch jede größere Bibliothek, z. B. die Stadtbibliothek Nürnberg,

4 für Ihr o. a. Schreiben möchten wir Ihnen danken.

5 vielleicht mit Sekt und ist dazu ev. Oberge…
und diktiert den Verlagen od. Lektoren was

6 zu Hd. Herrn Prof. Dr.

7 als ebenfalls leistungspflichtig in Betracht. Auf die Vorschriften der §§ 41 bis 49 und 56, 57 ff AFG wird hingewiesen. Nach § 13 Abs. 3 AVG (entsprechend § 1236 Abs. 3 RVO) braucht die Beklagte (BfA) nicht zu leisten, soweit eine Leistung der Arbeitsverwaltung in Betracht kommt. Auf die Vorschrift des § 75 Abs. 5 SGG wird gleichfalls hingewiesen.

Lösung „Abkürzungen“

1 Abkürzungen wirken meist unfreundlich, außerdem sind sie teilweise unverständlich. Wenn schon abkürzen, dann richtig: tgl.

2 bzw. sog.: beziehungsweise („oder“?)/sogenannte – weshalb sogenannte? Es ist die Mittlere Reife. Sie kennen den Artikel 13 BayEUG? Wenigstens einer.

3 z.B – richtig: z. B. (mit Leerschritt)

4 o.a. – ordentlich adrettes? Dümmliche Abkürzung, wenn schon, dann mit Leerschritt.

5 ev. – evangelisch? od. – ordentlich?

6 zu Hd. Herrn – z. H. Herrn (mit Leerschritt), Herrn reicht ohne z. H.

7 Wenn Sie diesen Abkürzungssalat übersetzen können oder verstehen, sind Sie ein Genie. Ansonsten muß jeder halbwegs intelligente Mensch mit einigermaßen Schulbildung bei diesem verschimmelten Bürokratendeutsch passen: §§ 41 bis 49 und 56, 57 ff (bitte mit Punkt „ff.“) AFG … § 13 Abs. 3 AVG entsprechend § 1236 Abs. 3 RVO … BfA … § 75 Abs. 5 SGG …

AFG – Arbeitsförderungsgesetz
RVO – Reichsversicherungsordnung
BfA – Bundesversicherungsanstalt für Angestellte
SGG – Sozialgerichtsgesetz

4.3.5 Bedauernswerte, leidernde und hoffende Briefschreiber

1 Wir bedauern, Ihnen einen günstigeren Bescheid nicht geben zu können.

Zu unserem Bedauern müssem wir Ihnen mitteilen, daß wir von Ihrem Angebot leider keinen Gebrauch machen können.

Wir bedauern sehr, daß Sie durch die Bestellung unserer Zeitschrift Unannehmlichkeiten hatten.

2 Wir hoffen, mit unseren Ausführungen die bestehenden Unklarheiten zur Vertragsdauer nun ausgeräumt zu haben.

In der Hoffnung, daß Sie uns Ihr Verständnis für diese Mitteilung nicht verwehren

Wir hoffen auf Ihr Verständnis und bedanken uns für Ihr

Wir hoffen, Ihnen damit gedient zu haben, und wünschen Ihnen für die Zukunft viel Erfolg.

Ich hoffe, daß mit dieser Erläuterung Ihr Schreiben vom 11.11.89 erledigt ist.

3 Es tut uns leid, Ihnen mitteilen zu müssen

müssen wir Ihnen leider heute davon Kenntnis geben

Wir müssen Ihnen leider mitteilen

Leider sehen wir uns derzeit nicht in der Lage

Leider sehen wir gegenwärtig keine Möglichkeit

Es tut uns leid, Ihnen keinen positiveren Bescheid

Leider sehen auch wir zur Zeit keine Möglichkeit

Lösung „Bedauernswerte, hoffende und leidernde Briefschreiber"

1 bedauern – sehr bedauerlich, wenn Sie den Mitteilungsstil von heute mit diesem Wort belasten. Verzichten Sie auf „bedauern". Ihr Ausdruck wird dadurch sicherer.

2 Weg mit dieser Lieblingsvokabel vieler Bürokrauts. Hoffen können Sie nur auf 6 Richtige im Lotto. Oder in der Hoffnung auf Ihr Jüngstes.

3 Es tut uns leid – ja? Flunkern Sie auch nicht?

„bedauern", „hoffen" und „leider" haben im Schriftverkehr von heute keinen Platz mehr. Besser ist es, immer direkt zu formulieren, zum Beispiel: Es ist uns nicht möglich, Ihren Auftrag sofort zu erfüllen. Die Modelle XY können erst Anfang Oktober geliefert werden. Gedulden Sie sich bis dahin? Bitte informieren Sie uns so rasch wie möglich. Verwenden Sie dazu …

4.3.6 Bürokratendeutsch

1 Wir nehmen Bezug auf unser Schreiben vom 12.1.1989 und bitten um Mitteilung, ob Sie eine Vertretung durch uns in Ihrer …

2 Leider sehen wir keine Möglichkeit, Ihrer freundlichen Anfrage bezüglich einer journalistischen Mitarbeit zu …

3 Auch in Bezug auf Ihr Angebot, in unserem …

4 Hinsichtlich der von Ihnen aufgeworfenen Frage der Nach-

druckgenehmigung fügen wir 6 Merkblätter bei, die die Frage der Verviel-…

5 Um den verschiedenen beruflichen und schulischen Interessen der Schüler nach Absolvierung der Wirtschaftsschule Rechnung zu tragen, werden mit Beginn der 8. Jahrgangsstufe zwei Ausbildungsrichtungen mit spezifischen Schwerpunkten angeboten:

6 in Beantwortung Ihres beiliegenden Schreibens teilen wir mit, daß es genügt, die Reparaturkostenrechnung mit entsprechenden Angaben an die gegnerische Haftpflichtversicherung zu senden. Bei evtl. Unklarheiten wird sich diese mit Ihnen in Verbindung setzen.

7 Die uns freundlicherweise überlassene Kostenrechnung der Herren Rechtsanwälte Dr. Henkel und Kollegen vom 31.3.89 reichen wir anbei an Sie mit Dank zurück.

8 Kostenstellen verteilt werden. Zu diesem Zwecke müssen Aufzeichnungen über die geleisteten Stunden pro Bereich/

9 Die Fa. M … hat mit Schreiben vom 15. ds. Mts. dazu Stellung genommen … haben wir Ihnen eine Fotokopie beigelegt. Wir bitten um Überprüfung der Angaben und baldige Rückantwort.

10 Da dieser Versicherungsfall (Schadenereignis) im Jahr 1975 vor Abschluß Ihres Rechtsschutzvertrages über § 24 ARB im Jahr 1977 liegt, hat das Versicherungsunternehmen die Übernahme einer Kostendeckung als vorvertraglich abgelehnt. Insoweit war das Verhalten des Versicherungsunter-

nehmens im vorliegenden Fall von Aufsichts wegen nicht zu beanstanden.
Ich hoffe, damit ihre Fragen ausreichend geklärt zu haben.

11 **Betrifft:** Buchhaltung – Kunden-Nr. 11
Sehr geehrter Kunde,
bei unserer jetzt stattgefundenen Kontenüberprüfung mußten wir feststellen, daß noch ein älterer, zur Zahlung längst überfälliger Betrag offen steht.
Dieser Betrag setzt sich zusammen aus:

Rechnungsnummer 15069 vom 23.2.89 DM 176.40

Wir wären Ihnen sehr verbunden, wenn Sie unsere Forderung überpüfen würden und für einen allerbaldigsten Ausgleich sorgen würden.
Sollten Sie nicht mit uns einig gehen, bitten wir freundlichst um eine kurze Stellungnahme, damit uns eine weitere Bearbeitung möglich ist.
Bitte geben Sie auf allen Schreiben stets Ihre Kundennummer an, Sie ermöglichen uns damit einen reibungslosen Geschäftsablauf.

Mit freundlichen Grüßen

Lösung „Bürokratendeutsch"

1 „... Bezug ... bitten um Mitteilung ..." – direkt fragen: „Sollen wir Sie in ... vertreten?"

2 „leider ... bezüglich ..."

3 „in Bezug" – richtig: in bezug (weg mit der ganzen Bezugerei)

4 „hinsichtlich … aufgeworfene Frage (uiii, „aufgeworfen")" Fragen kann man nicht aufwerfen, nur stellen. Vorschlag: Sie erhalten 6 Merkblätter, aus denen Sie alle Informationen …

5 „ungen" Sie mal mit: Absolvierung, Rechnung, Ausbildungs …, … richtung, … Vorschlag: Um den verschiedenen schulischen und beruflichen Interessen gerecht zu werden, beginnt die 8. Jahrgangsstufe mit zwei Schwerpunkten: …

6 „… in Beantwortung … beiliegenden … teilen wir mit … in Verbindung setzen …" Vorschlag: Bitte schicken Sie die Rechnung an die Haftpflichtversicherung. Bei Unklarheiten werden Sie von dort benachrichtigt/informiert/unterrichtet.

7 „freundlicherweise … der Herren … wir anbei an Sie mit Dank …" Vorschlag: Die Rechnung der Rechtsanwälte erhalten Sie hiermit zurück.

8 „zu diesem Zwecke …" – besser: deshalb

9 „ds. Mts. dazu Stellung genommen … Überprüfung … Rückantwort …" – richtig: d. M., besser Datum nennen: Bitte informieren Sie sich anhand der beigefügten Kopie der Firma M… vom 15.02.87. Geben Sie uns so rasch wie möglich Bescheid.

10 „über § 24 ARB … Insoweit … von Aufsichts wegen … ich hoffe …" Vorschlag: Wegen … können die Kosten durch den Versicherer nicht übernommen werden.

11 „jetzt stattgefundenen Kontenüberprüfung ...“ Stattgefunden, Kontenüberprüfung – „Prüfung“ zu wenig? Wer prüft, stellt immer etwas fest, nicht auch noch schreiben. „älterer, zur Zahlung längst überfälliger ...“ – das kostet Nerven. „wir wären Ihnen sehr verbunden ...“ Wieviel Mullbinden? „überprüfen würden“ = prüfen; „aller-baldigsten Ausgleich sorgen würden.“ Bald – Allerbaldigst? Achtung: „Wenn“-Sätze sind immer „würde“-los. Den Rest schenken wir uns. Ist Deutsch wirklich die Sprache derer, die zwar deutsch fühlen, aber nicht Deutsch können?

4.3.7 Fach- und Zunftjargon

1 Ad hoc können wir Ihnen leider keine Adresse für eine freiberufliche Mitarbeit auf Honorarbasis nennen, da Vakanzen leider nicht zentral erfaßt werden.

2 über ärztliches Handeln grundsätzlich ratione personae unzulässig ist. Im übrigen weise ich nochmals darauf hin, daß die Voraussetzung jeder Beschwerde die Erschöpfung des innerstaatlichen Rechtsweges ist.

3 Lesen Sie diese Langzeit-Prognosen über wirtschaftsrelevante Trends ... noch zu wenig über Inventionen und Innovationen, Trends und Methoden, wirtschaftlichere Fertigungsverfahren und Hilfsmittel ... kann man effizienter arbeiten?

4 Die Basiseinheit einer Sekunde ist das 9 192 631 770fache der Periodendauer der dem Übergang zwischen den beiden Hyperfeinstrukturniveaus des Grundzustandes von Atomen des Nuklids 133 Cs entsprechenden Strahlung.
(Gesetz zum Zeitzeichen von 1980)

5 ich habe darauf expressis verbis hingewiesen …

6 können wir das nicht kognitiv, sondern lediglich als Vermutung aufzeigen.

Lösung „Fach- und Zunftjargon"

1 „ad hoc … Vakanzen …" – ad hoc – sofort/eigens zu diesem Thema/Sachverhalt/Zweck; Vakanzen – freie Stellen

2 „ratione personae" – wissen Sie's? Notieren: __________

3 Versuchen Sie mal zu übersetzen: wirtschaftsrelevant – Trend – Inventionen – Innovationen – effizient:

____

____

4 Verstehen Sie's?

5 expressis verbis = ausdrücklich/mit ausdrücklichen Worten

6 kognitiv = erkenntnismäßig

4.3.8 Flops

1 empfangen Sie besten Dank für Ihr freundliches Angebot. Wir müssen Ihnen jedoch bekanntgeben, daß wir hier in absehbarer Zeit keine Absichten hegen

2 Fernmündliche Erkundigungen bei den Zentralämtern des Post- und Fernmeldewesens in Darmstadt ergaben, daß dort die Programmierer allgemein aus dem Kreis der vorhandenen Beamten des gehobenen Dienstes gewonnen werden.

3 zurück benötigen, wobei Sie selbstverständlich davon ausgehen können, daß in keiner Weise von mir Kopien oder ähnliches angefertigt werden, zur Verwendung an Dritte. Ich würde lediglich für mich selbst dann notfalls eine Kopie

4 Sollten Sie verhindert sein, so sind wir gerne bereit, Sie im Rahmen persönlicher Gespräche in Ihrem Hause zu informieren.

5 wir danken Ihnen für Ihre Bewerbung, deren Eingang wir heute zunächst bestätigen möchten.

6 die uns übersandte D.A.S.-Police nebst Beitragsrechnung und Mahnung geben wir beigefügt zu unserer Entlastung zurück.

7 Wir sind an einer unverbindlichen Präsentation Ihrer Dienstleistungen interessiert, bitte kontaktieren Sie uns.

8 Rufen Sie uns an, damit wir ein Rendezvous vereinbaren können.

9 ausführlich beantwortet. Kopie dieses Briefes lege ich zu Ihrer Kenntnisnahme nochmals bei.

10 Sie hätten sich eigentlich denken können, daß solche Leute über das, wovon sie keine Ahnung haben, immer nur abfällig reden.

11 sollte man noch einmal ins Auge fassen.

12 Dem Gericht liegt die gesamte Handakte vor. Leider kann nur auf diese zurückgegriffen werden, da der Beklagte die Unverfrorenheit besitzt, den Auftrag zu bestreiten.

Absurd erscheint die Behauptung, ein Geschäftswert von 5.000,– DM sei angemessen.

13 Hochzuverehrendes Fräulein …
Es tut mir unendlich leid, daß ich an der geographischen Lage des Ortes Fürth über Heppenheim/Bergstr., Postleitzahl 6149, leider nichts ändern kann.
Darum muß ich Ihnen beiligendes Schreiben zum 3. Mal zurücksenden.
Ich möchte Ihnen gerne erklären, warum es im deutschen Sprachgebiet eine ganze Anzahl von Ortschaften gibt, die den Namen „Fürth" tragen.
Bereits im Germanischen (Altdeutschen) taucht das Wort „Furt" auf. Es bezeichnet eine Stelle, an der Mensch und Vieh ein fließendes Gewässer bis zum jenseitigen Ufer watend durchschreiten können. Dies ist u. a. auch in der Nähe des Städtchens Heppenheim an der Bergstraße der Fall.
Dürfte ich Ihnen empfehlen, anhand einer Landkarte der Deutschen Bundesrepublik festzustellen, wo die wunderschöne und international bekannte „Bergstraße" liegt. Sie werden dann unschwer erkennen, daß die Entfernung zwischen der Bergstraße und der Stadt Fürth in Bayern, Postzeitzahl 851, erheblich ist.
Stets gern zu Ihren Diensten.

14 Wenn Sie schreiben, daß „auch das Geschäft anderer Bausparkassen zurückgegangen ist" gebe ich Ihnen recht. Wenn Sie aber nicht bemerkt haben, daß die Geschäfte des H. mehr als überdurchschnittlich zurückgegangen sind, beweist das Ihre Dummheit. Bei ordentlicher Geschäftsführung und Kundenbetreuung wäre das nicht möglich.
Ich bin kein Anhänger des Kaiserreiches. Aber für Sie wä-

ren die damaligen Bräuche richtig. Man hätte Ihnen eine Pistole gereicht. Wenn Sie nicht in der Lage sind, für die Erledigung der Angelegenheit zu sorgen, müßte in der nächsten H-Zeitung Ihr Nachruf stehen.

Lösung „Flops“

1 Ein Fanfarenstoß: „empfangen Sie … bekanntgeben … hegen“ – wer bringt es fertig, außer dieser „Bildungseinrichtung“, soviel verbeultes Blech in einem Satz unterzubringen?

2 „fernmündliche … gewonnen werden …“ – Sie telefonieren – oder? Sind Sie von Ihrem Arbeitgeber „gewonnen“ worden?

3 „ausgehen können …“ – wohin? „in keiner Weise …“ – besser: keine Kopien … „für mich selbst …“ – „für mich“ reicht nicht?

4 „gerne“ – mehr als entbehrlich, weil eine Floskel. „Sie im Rahmen“ – in welchem? Fenster-, Tür- oder Bildrahmen? „persönlicher Gespräche“ – ein Gespräch ist immer persönlich.

5 „deren Eingang“ (!) Vorschlag: Vielen Dank für Ihre Be …

6 „übersandte … nebst … wir beigefügt … unserer Entlastung …“ Vorschlag: Ihre Unterlagen erhalten Sie hiermit zurück.

7 „kontaktieren“ – was ist das? Neudeutsch! Vorschlag: Ihr Angebot interessiert uns. Bitte rufen Sie uns an …

8 „Rendezvous“ haben nur Verliebte.

9 „Kenntnisnahme“ – besser: Bitte informieren Sie sich anhand der beigefügten Kopie … („Kenntnis“ zu schwach?)

10 „daß solche Leute“ – Toleranz kostet nichts, auch gegenüber Besserwissern und Rechthabern.

11 „ins Auge fassen“ – lieber nicht.

12 „die Unverfrorenheit besitzt“ – weshalb werden hier Besitzverhältnisse geklärt? „absurd“ – Wirklich „absurd“ diese Formulierkunst.

13 Tja, da geht man in die Knie …

14 Wahrlich, ich sage Dir … oder Geist ist eben jene geheimnisvolle Substanz, die vom Gehirn abgesondert wird – keine Spur davon.

4.3.9 Grammatikfehler

1 Ich bedauere, daß ich Ihnen darüberhinaus keine konkrete Hilfe

2 Da der Beklagte den Ordner nicht zurück erhielt, hat er mit Schreiben vom 28.2.198 nochmals angemahnt und dann mit Schreiben vom

3 Ich wünsche stattdessen, daß meine Versicherungssumme um … wird. Für den höheren Versicherungsschutz zahle ich einen Beitrag 2,50 DM je 1000 DM zusätzliche Versicherungssumme.

4 Es erschien uns notwendig, jeden, der sich an uns wendet, sofort in geeigneter Form daraufhinzuweisen, was er von der Politik und der Gesetzgebung zu erwarten bzw. was er nicht zu erwarten hat. Deshalb haben wir ein Merkblatt entwickelt, das auf die

5 in München behauptet die Nr. 1 in BRD zu sein und schließt laut Literat jede Woche drei Verträge ab. Ein Fantast, wer dies beweisen bzw. behaupten kann.

6 hierbei mit der einfachen Fragestellung arbeiten: Was müßte man für ein gleichwertiges Gerät, desselben Baujahres und Zustandes beim Kauf aufwenden.

7 bis zu 20 Rechnungen und faßt 30 Briefe/Karten zu beackern sind.

8 Wir bitten Sie deshalb, die Rechnung so bald als möglich einzusenden.

9 versuchen Sie es wegen Ihres Manus-kriptes beim Econ-Verlag (Grupellostraße 28, 40210 Düsseldorf),

10 bezugnehmend auf Ihren Brief vom 4.3.

Lösung „Grammatikfehler“

1 darüberhinaus – richtig: darüber hinaus (zwei Wörter)

2 zurück erhielt – hier: zurückerhielt

3 stattdessen – richtig: statt dessen (zwei Wörter)

4 daraufhinzuweisen – richtig: darauf hinweisen

5 die Nr. 1 in BRD – richtig: in der BRD

6 Das Komma hinter „Gerät“ ist falsch. Das Fragezeichen am Satzende fehlt. Richtig: … für ein gleichwertiges Gerät desselben Baujahres und Zustandes beim Kauf aufwenden? Oder: … für ein gleichwertiges Gerät, desselben Baujahres und Zustandes, beim Kauf aufwenden?

7 faßt – richtig: fast

8 so bald als – richtig: so bald wie möglich („wie“ hat sich durchgesetzt)

9 Manus-kript – richtig: Manu-skript

10 bezugnehmend – richtig: Bezug nehmend (weg mit Bezugerei)

4.3.10 Kanzleisprache

1 In dieser Sache bitten wir zunächst das Rubrum dahin zu berichtigen, daß der Beklagte … heißt.

2 Es spricht unseres Erachtens für sich, wenn sich der Beklagte daran heute nicht mehr erinnern mag.

3 Wir bestätigen den Eingang Ihres obigen Schreibens und dürfen Ihnen dazu mitteilen, daß wir nur dann in der Lage

4 Hinsichtlich der Rechtswirksamkeit Ihrer Kündigung werden Sie baldmöglichst Bescheid erhalten.

5 Der Sachverhalt, der dem landesrechtlich bei Amtshaftpflichtprozessen vorgeschalteten Abhilfeverfahren zugrundeliegt, wurde uns vom VN im Juni 1989 gemeldet. Zur Substantiierung seiner …

6 Zwecks Überprüfung der Angelegenheit haben wir uns bereits mit dem für Sie zuständigen Schadenbüro in Verbindung gesetzt.

7 In Ihrer Rechtssache gegen RA. von … nehmen wir Bezug auf das Gespräch bei Gericht.

8 Im übrigen überlasse ich Ihnen in der Anlage Fotokopie eines Schriftsatzes des Gegners. Ich würde es für zweckmäßig halten, wenn Sie mit Herrn Kollegen …, der ja bereits schriftsätzlich für Sie Stellung genommen hat, diesen Schriftsatz besprechen könnten. Vereinbaren Sie zu diesem Zweck mit unserer Kanzlei einen Termin.

9 I. Dem Antragsteller wird aufgegeben, dem Gericht mitzuteilen, ob und gegebenenfalls in welcher Höhe er … bezieht, und den Bescheid über die … vorzulegen.

II. Dem Antragsgegner wird anheim gegeben, die Einverständniserklärung des Antragstellers betreffend die … vom 2.4. … vorzulegen.

10 Rein vorsorglich macht der Beklagte geltend, daß der vom Kläger angesetzte Geschäftswert mit DM 30.000,– bei weitem übersetzt ist.
Es trifft sonach nicht zu, daß Verdienstausfall, Ersatz für vermehrte Bedürfnisse und dergl. geltend zu machen waren.

11 Der Beklagte ist davon ausgegangen, daß eine zivilrechtliche Tätigkeit erst dann erfolgsversprechend sein könnte, wenn nach Abschluß des staatsanwaltschaftlichen Ermittlungsverfahren sich der Schuldvorwurf des ärztlichen Kunstfehlers erwiesen haben würde.

12 Sie diesbezüglich zu unterstützen. Insoweit sehen wir uns auch nicht in der Lage, zu dem Verfahren eine Stellungnahme abzugeben, zumal dieses ohne Einfluß auf die Entscheidungen der BfA bleiben muß.

13 Anläßlich des für den 6. Februar 1989 geplanten Patientenschutz-Forums, zu dem die aus der Anlage 1 ersichtlichen Patientenschutz-Vereine einladen sollen, …

14 Wir bestätigen den Eingang Ihres o. g. Schreibens und haben das als Anlage beigefügte Schreiben des Herrn Dr. G… zur Kenntnis …
Zudem sei bemerkt, daß der Beklagte in einem vorangegangenen persönlichen Gespräch mit dem Kläger erklärt hatte, …

15 bezüglich Ihrer Anfrage einer Neuauflage der „Regeln für Maschinenschreiben“ teilen …

Lösung „Kanzleisprache“

1 Rubrum – Bezeichnung/Sache/„Kopf“ eines Schriftstückes

2 unseres Erachtens – überflüssig

3 dürfen Ihnen – auf Mehlpfoten entgegenkommen?

4 hinsichtlich/baldmöglichst – bitte streichen Sie diese Kanzleiwörter aus Ihrem Sprachschatz

5 das soll verstehen, wer's verstehen kann

6 zwecks – „zwecks" Hunger esse ich Brötchen
Überprüfung – Prüfung

7 nehmen wir Bezug – weg mit diesem Kanzleistil

8 im übrigen/ in der Anlage/schriftsätzlich/ zu diesem Zweck – diese Krämpfe sollen Sie abschrecken

9 Paradebeispiel für Passiv- und Nominalstil; eine Kommentierung erübrigt sich. Das grammatische Winseln spricht für sich.

10 rein vorsorglich – klingt das nicht mütterlich? bei weitem übersetzt – was ist das? sonach – eine neue Wortschöpfung? vermehrte Bedürfnisse – wer erklärt's? dergl. – richtig abgekürzt: dgl.

11 davon ausgegangen – wovon? wohin?/erwiesen haben würde – ist schlicht und ergreifend falsch. Wenn schon Konjunktivitis, dann grammatisch korrekt: wenn sich der Vorwurf erwiese, daß … Aber auch das ist Unsinn – besser: Wenn sich der Vorwurf bestätigt, dann …

12 diesbezüglich/insoweit/nicht in der Lage/Stellungnahme/zumal/ … – vergessen Sie's!

13 anläßlich/aus der Anlage 1 – weg damit

14 als Anlage beigefügte – Vorschlag: „Die Ausführungen von Herrn Dr. G… haben wir gelesen …"

15 bezüglich – zur Sache schreiben wäre besser: „Eine Neuauflage der …“

4.3.11 Logik

1 Bei der großen Anzahl der uns zugegangenen Bewerbungen hat die Bearbeitung längere Zeit in Anspruch genommen.

2 Wir nehmen Bezug auf Ihre uns vorliegende Bewerbung.

3 Wir können trotz nochmaliger Überpüfung unsere getroffene Entscheidung nicht revidieren, weshalb wir Ihrer Bitte, nach Rückzahlung der Überweisung von DM 255,– nicht entsprechen können.

4 Für das uns gezeigte Interesse danken wir Ihnen.

5 Ihr Entschluß, mir zu schreiben – vielen Dank.
Ihre Bereitschaft, bei RTL Plus zu ackern – sehr gut.
Ihre Sehnsucht nach Irrenhaus und Sklavenarbeit – meine Hochachtung.

6 Sie sind sicher ein guter Texter und Autor, aber ebenso sicher ein schlechter Geschäftsmann, denn Ihre beiden Mahnungen haben Sie bis jetzt nach unserer Rechnung DM 2,– an Porto und Material gekostet (Ihre Zeit und das Porto für die Warensendung nicht eingerechnet).
Bei einem Kaufpreis von DM 9,80 beträgt der Mahnkostenanteil am Gesamtpreis bereits ca. 20 %. Selbst ein Geldeingang nach üblichen 4 Wochen hätte Sie höchstens 3 % an Zinsen gekostet.

Aber trösten Sie sich, ich bin auch nicht der geborene Geschäftsmann, sonst hätte ich mir diesen Brief verkniffen.

7 Es handelt sich hier um ein Zweifamilien-Althaus ohne Bad. Zum Baden wurde die Waschküche von beiden Familien immer gemeinsam benutzt.
Es ist lächerlich, darüber zu streiten, ob ein Klosett gewerblichen oder privaten Zwecken dient. Letzteres in der Regel.

Lösung „Logik“

1 der uns zugegangenen – wer antwortet denn?

2 Ihre uns vorliegende Bewerbung – worauf antwortet man?

3 unsere getroffene Entscheidung – vorher getroffen und dann entschieden? Korrekt: Unsere Entscheidung …

4 für das uns gezeigte Interesse – wem noch gezeigt?

5 Genau so!

6 Wie wahr!

7 Waschküche von beiden immer gemeinsam … gewerblichen oder privaten. Letzteres in der Regel – nur in der Regel?

4.3.12 Modischer Schnickschnack

1 Diese kalkulatorischen Kosten müssen für die monetäre Bewertung der einzelnen medizinischen bzw. ärztlichen …

2 Soweit unsere spontane Rückäußerung.

3 6. Innovationsgruppen = Gruppen von Innovationen.

4 Sorry, ein interessantes und sicher notwendiges Werk, nur bei uns nicht in hilfreichen …

5 Für ein optimales funktionierendes und volkswirtschaftlich optimales Gesundheitswesen müssen in der Zukunft auch Fragen der größtmöglichen Effizienz unseres Gesundheitswesens …

6 … ein Gegengewicht zur derzeit vorherrschenden Schlagwort- und Untergangslyrik zu schaffen, wobei ich die Tendenz der IGdA-aktuell nicht ausnehme.

7 … haben wir begonnen, eine dreiteilige Serie über die Arzthaftungs-Problematik zu veröffentlichen.

8 Es tut uns leid, Ihnen einen negativen Bescheid zukommen zu lassen.

9 Wir bedauern, daß wir Ihnen keinen positiven Bescheid …

10 Durch die derzeitige Marktsituation, die einem „numerus clausus" nicht unähnlich ist, mußten wir diese Kampagnen vorerst einstellen. D. h. für Newcomer, daß die Einstiegschancen auf Grund der großen Nachfrage stark reduziert sind.

Lösung „Modischer Schnickschnack"

1 monetäre – besser: finanzielle

2 spontane – früher sagte man „sofort", heute „spontan" „Rückäußerung" ist im Schwange, vor einigen Jahren „antwortete" man noch. „Rückäußern" Sie sich auch?

3 Innovationsgruppen – Neuerungen/Ideen umsetzen

4 sorry – made in Germany!

5 optimales/optimales – sehr optimal/Effizienz = Wirksamkeit

6 Tendenz – Neigung/Entwicklung

7 Problematik – Schwierigkeit (Mal ehrlich: Wie oft sagen Sie am Tag „Problem/problematisch/Problemstellung"?)

8 negativ – ablehnen/verneinen

9 positiv – zustimmen/zuversichtlich

10 Newcomer – Anfänger/Beginner/Einsteiger

4.3.13 Partizipien

1 Wir bestätigen dankend den Eingang Ihres Schreibens vom 20.3.1989 samt Anlage.

2 … zahlreiche Bestellungen eingegangen, die wir nach Marburg weitergegeben haben.

3 Bis zu diesem Termin bitten wir Sie, den von Ihnen eingegangenen vertraglichen Verpflichtungen weiterhin nachzukommen.

4 … der zwischen Ihnen und uns bestehende Versicherungsvertrag infolge Kündigung am 19.12.1989 außer Kraft tritt.

5 Diese geschaffenen Kapazitäten in Form von Investitionen …

6 dankend bestätigen wir den Eingang Ihres Schreibens vom 8. Juli 1989.

7 Ihr Schreiben haben wir erhalten und bedanken uns dafür.

8 wie wir festgestellt haben, ist das betroffene Risiko seit 19.12.77 bei uns versichert.

9 wir danken Ihnen für Ihre Anfrage und das an unserem Unternehmen gezeigte Interesse.

Lösung „Partizipien"

1 dankend – besser: vielen Dank …

2 eingegangen – eingegangen im Hauptsatz und weitergegeben im Nebensatz?

3 eingegangenen Verpflichtungen – besser: Ihren vertraglichen Verpflichtungen …

4 und uns bestehende – logisch

5 geschaffenen – sonst wären sie nicht da, besser: Diese Kapazitäten …

6 dankend bestätigen – besser: vielen Dank für …

7 s. Beispiel unter 6.

8 festgestellt/betroffene – besser: Das Risiko ist seit 19.12.77 versichert.

9 gezeigtes Interesse – besser: für Ihr Interesse.

4.3.14 Phrasen- und floskelhafte Rechtschreibübungen

1 wir bedanken uns herzlich für Ihren Brief an Herrn Prof. B., den Vorsitzenden des Hartmannbundes, im Zusammenhang mit seiner Stellungnahme zu dem Fernsehfilm „Der Kunstfehler" im März … Herr Prof. Dr. N. befindet sich zur Zeit in leitender Funktion bei einem ärztlichen Fortbildungskongreß; nach seiner Rückkehr Mitte April wird er jedoch die große Zahl von Briefen, die ihn erreicht hat, beantworten.

2 … komme ich leider erst heute dazu, Ihr Schreiben vom 15.12.88 mit bestem Dank zu beantworten und Ihre guten Wünsche für das Weihnachtsfest rückwirkend und ebenfalls für das angebrochene Jahr 1989 zu erwidern, mit dem ehrlichen Wunsche, …

3 Für das Vertrauen und Ihre mit Zeit- und Arbeitsaufwand verbundene Bewerbung möchten wir, Claudia R. und Dr. B., uns bei Ihnen ganz persönlich bedanken. Es würde uns sehr

freuen, wenn Sie mit Ihrem spezifischen Eignungsprofil, welches Sie zweifellos mitbringen, im Rahmen einer zukünftigen Ausschreibung erneut Kontakt mit uns aufnehmen würden.

4 In der Annahme, diesbezüglich wieder von Ihnen zu hören, verbleibe ich mit den besten Wünschen für Sie persönlich …

5 In vorbezeichneter Sache muß leider gebeten werden, die am 25. März 1989 zum Auslauf kommende Klageerwiderungsfrist bis 20. April 1989 zu verlängern, nachdem noch einige vom Beklagten nach Einsichtnahme in die umfänglichen Ermittlungsakten angeforderten Informationen ausstehen und andererseits der Unterfertigte ab Ende dieser Woche einen 14-tägigen Osterurlaub antreten wird.

6 PS: Sollten Sie die beigefügten Anlagen wieder zurückgeschickt bekommen wollen, so darf ich um eine entsprechende Mitteilung bitten.

7 Anbei senden wir Ihnen die Bewerbungsunterlagen zurück. Für Ihre weitere berufliche Zukunft wünschen wir Ihnen alles Gute, viel Glück und Erfolg.

8 Wir bedauern sehr, Ihnen keine günstigere Nachricht geben zu können, möchten aber nicht versäumen, Ihnen für Ihr Interesse bestens zu danken.

9 Mit den allerbesten Wünschen

Lösung „Phrasen- und floskelhafte Rechtschreibübungen“

1 *„wir* bedanken *uns* herzlich ...“ – ernsthaft? Der Rest ist der Schiefe Turm von Pisa: geneigt sein, aber nicht umfallen.

2 „mit bestem Dank“ – ein Superlativ zuviel; „Ihre guten Wünsche ... rückwirkend und ebenfalls ... mit dem ehrlichen Wunsche ...“ Man sieht förmlich den Speichel tropfen. Ob der Schreiber glaubt, was er schreibt?

3 „ganz persönlich“ – und das per Brief? „würden uns ... zweifellos“ – wie wär's mit direkt sagen ohne „würde“ und „zweifellos“? „... im Rahmen“ – welcher? „würden“ – ist zuviel. Und das von Betitelten, und nur die werden in Deutschland für denkfähig gehalten.

4 „in der Annahme“ – Lotto-Totto- oder Wäscheannahme? „diesbezüglich“ – o Gott! „verbleibe ich “ – verblichen? „für Sie persönlich“ – „für Sie“ ist zu schlicht?

5 Mehr als 40 Wörter in einem Satz – whoww. Juristendeutsch. „vorbezeichnete ... leider gebeten werden ... zum Auslauf kommende ... Einsichtnahme ... umfänglich (was ist das?) ... andererseits (wo ist *einerseits?)* ... Unterfertigte (wo ist der Oberfertigte?) ... ab Ende dieser Woche (sehr präzis) ... 14-tägig (richtig: 14tägig) ... Osterurlaub (wohin bitte?) ...“ Thoma war Jurist, er sagte über seine Kollegen: „Er war Jurist und auch sonst von mäßigem Verstand.“

6 „sollten Sie wollen ... so darf ich ...“ Wie bringt man nur so umständliche Satzkonstruktionen zustande?

7 „wünschen wir Ihnen alles Gute, viel Glück und Erfolg" – alles auf einmal? Ist das nicht zuviel des Guten?

8 „bedauern sehr … bestens zu danken …" – wie macht man das?

9 „mit den allerbesten Wünschen …" Gut – besser – allerbest? Ist auch ein Erster der Zweite, weil der Allererste vor dem Ersten kommt?

4.3.15 … dann auch der Schluß

1 Wir hoffen, mit unseren Ausführungen die bestehenden Unklarheiten zur Vertragsdauer nun ausgeräumt zu haben und verbleiben weiterhin
mit verbindlicher Empfehlung Ihre

2 Berichten Sie – aber Bitte nur k u r z 4 Zeilen – was aus diesen Adreßmitteilungen geworden ist.
MfG

3 Ich wünsche Ihnen heute schon einen angenehmen Aufenthalt in der Chesa Corvatsch und verbleibe
mit freundlichen Grüßen

4 Mit freundlichen Grüßen
ALLGEMEINER DEUTSCHER AUTOMOBIL CLUB e.V. (ADAC)
Touristik und Grenzverkehr
Auslandshilfsdienst

5 Anlage
Bewerbungsunterlagen

6 Mit besten Grüßen
Dr. P. C.
Facharzt für Chirurgie

7 Mit vorzüglicher Hochachtung
I.A.
(Dr. B…   )
Ministerialrat

8 Prof. Dr.K.B.
Beilagen erw.

9 Mit freundlichen Grüßen
(Dr. Peter Sch…   )
–nach Diktat verreist–

10 P.S. Ihre Unterlagen, die Sie mir vorübergehend überlassen haben, schicke ich Ihnen per Einschreiben mit gleicher Post zurück.

Lösung „… dann auch der Schluß"

1 Die Grußformel steht immer allein; wird nicht mit dem Text gekoppelt

2 „MfG" – Mitfahrgelegenheit oder neue Abkürzung für „mit freundlichen Grüßen"?

3 Die Grußformel steht immer linksbündig

4 ein wahrhaft „dicker Gruß“ – was steht im Briefkopf?

5 „Anlage“ wird nicht unterstrichen, besser: nennen

6 „besten Grüßen“ – unsinniger Superlativ

7 „Mit vorzüglicher Hochachtung“ klingt pathetisch und hohl
„i. A.“ bitte mit Leerstelle
Die Klammern (Dr. B…) sind unnötig

8 „Beilagen erw.“ – was? Karotten, Gemüse oder was als Beilage? Besser: Anlagen nennen oder einfach „Anlage/n“

9 „nach Diktat verreist“ – Wohin verreist? Das interessiert!

10 richtig: „PS:“
Besser kurz und knapp: Ihre Unterlagen schicke/sende ich Ihnen per Einschreiben (zurück).

4.3.16 Wie denn nun?

Sie haben den Übungsmarathon erfolgreich abgeschlossen und kennen jetzt die Fehlermöglichkeiten in Korrespondenz und Text. Jetzt fragen Sie sich zwangsläufig: Wie denn nun? Die Antwort darauf ist so klar wie einleuchtend: einfach, kurz und treffend. Stil, Sprache und Psychologie sind in der modernen Korrespondenz ein Ganzes. Und zur Sprache gehört sowohl Einfachheit als auch Kürze und darüber hinaus eine treffende Wortwahl. So erreichen Sie einen klaren Ausdruck und Verständlichkeit. Der Stil Ihres Informationsaustausches muß aktiv, anschaulich und positiv sein. Was wäre das alles ohne Psychologie? Denn Sie wollen beeinflussen, stimulieren und motivieren, um das gewünschte Verhalten zu erreichen.

Schon höre ich Sie sagen: „Bieten Sie Handfestes, Konkretes, Beispiele, …“ Bitte wählen Sie:

- Entschuldigen Sie sich für eventuelle Fehler im ersten Absatz. Aber nur dann, wenn Sie welche zu vertreten haben.
- Kommen Sie im ersten Satz zur Sache, deshalb weg mit Vorreitern oder großartigen Ouvertüren (Sie haben Leser, keine Hörer).
- Beginnen Sie mit der positiven Nachricht für den Geschäftspartner. Sie haben keine? Sprechen Sie zur Sache.
- Danken Sie nur für das, was nicht selbstverständlich ist.
- Stellen Sie direkte Fragen.
- Setzen Sie Satzzeichen entsprechend der Valenz ein (?, :, ;)
- Greifen Sie eine Passage aus dem Schreiben des anderen auf (aber nicht solche: „Sie halten mich wohl für doof …“ Womöglich diktieren Sie dann: „Natürlich halten wir Sie nicht für doof …“)
- Gewinnen Sie dem Negativen einen positiven Aspekt ab. Alles, was Sie negativ sagen, können Sie auch positiv formulieren.
- Verwenden Sie aktive Verben und bildhafte Substantive.
- Wie lang ein Satz sein sollte? Setzen Sie nach spätestens 12 bis 20 Wörtern einen Punkt, sonst arbeiten Sie bitte mit Doppelpunkt und Semikolon.
- Bildhaft, anschaulich und durchschaubar formulieren
- Machen Sie den letzten Satz „stark“, lassen Sie Ihr Schreiben positiv „ausklingen“.
- Im „PS:“ bringen Sie Wichtiges, eben das, was den Empfänger auf- und wachrütteln soll.

– Eine Seite genügt – meistens. Den Rest beifügen.

Korrespondieren (nicht: Schreiben) lernen Sie nur durch Korrespondieren und dabei auf die Nase fallen. Sehen Sie's nicht zu eng, wenn es nicht sofort hinhaut.

Hier einige Wörter und Passagen, die „ankommen“:

unterstützen – rasch – helfen – schnell – sicher – jetzt – sofort – das bedeutet für Sie – offensichtlich – Ihre Wünsche – Sie – Ihr/e – Ihnen – erfüllen – sorgfältig – gewissenhaft – zuverlässig – bitte – danke – vertrauen Sie – sachgerecht – erfolgreich – großzügig (regeln) – entgegenkommen – gemeinsam – erfolgreich zusammenarbeiten – Ihre Chance – betrachten Sie den Vorfall als das, was er ist: eine Ausnahme – uns sofort entschlossen – tun alles – Ihre Zufriedenheit – nichts unversucht gelassen – Sie haben recht – uns ist ein Fehler passiert: bitte entschuldigen Sie – wir haben eine gute Nachricht für Sie – wir sind bereit – es liegt uns sehr daran – bitte verstehen Sie – überlegen Sie es sich noch einmal? – bevor Sie – geben sie uns die Möglichkeit/Chance – wir rechtfertigen Ihr Vertrauen – wir schlagen vor – unser Vorschlag – denn auch wir sind daran interessiert – gute Zusammenarbeit – bitte helfen Sie uns, die Angelegenheit rasch zu klären – garantieren – sparen – stolz/Stolz – erwiesen – leicht – Ihr Geld – Komfort/komfortabel – Gewinn/gewinnen Sie – Sie haben die Sicherheit – Ihr Vorteil – nutzen/Nutzen – Wert – investieren – anlegen – in Zukunft – …

Alle Wörter und Passagen in Kombination von aktiv, positiv und ansprechend. Denn es gibt immer zwei Möglichkeiten – die gute und die andere. Wir reden hier nur von der guten.

Notieren Sie sich weitere Beispiele: ____________________

____

____

____

5

Grammatik

5.1

„Stolperstellen“ in der Grammatik

- Apostroph
- Doppelpunkt
- Genitiv
- Groß- und Kleinschreibung
- Interpunktion
- Kongruenz
- Konjunktiv II
- Präpositionen
- Rechtschreibung
- Semikolon
- Silbentrennungen
- Zusammen- und Getrenntschreibung

Mit Grammatik bezeichnet man die Gesamtheit aller regelhaften Beziehungen zwischen den Elementen von Äußerungen und die Mittel, die zum Entstehen korrekter Äußerungen verwendet werden – Äußerungen in Form von Wörtern, Wortgruppen, Sätzen und Texten. Der Begriff Grammatik wird auch zur wissenschaftlichen Beschreibung dieser Regeln und Mittel herangezogen: die Lehre vom Bau sprachlicher Äußerungen. Vereinfacht: Satzbau und Zeichensetzung. Sicher, Grammatik ist nicht alles, aber ohne Grammatik ist alles nichts. Wo werden die meisten grammatischen Schnitzer gemacht? In alphabetischer Reihenfolge:

- Apostroph
- Apposition/Kongruenz
- Genitiv (Wes-Fall)
- Groß- und Kleinschreibung
- Konjunktiv II
- Zusammen- oder Getrenntschreibung

Klären wir die Begriffe: Apostroph ist ein Auslassungszeichen, das den Weg- oder Ausfall eines Lautes, Buchstaben oder einer Silbe kennzeichnet: Ku'damm, wenn's um Geld geht, Scholz' Linke, erst mal seh'n. Apposition = die hauptwörtliche Beifügung (substantivisches Attribut), die üblicherweise im gleichen Fall steht wie das Hauptwort (Substantiv) oder Fürwort (Pronomen), zu dem es gehört. Kongruenz = formale Übereinstimmung zusammengehöriger Teile im Satz, ebenso inhaltlich sinnvolle Vereinbarkeit des Tätigkeitsworts (Verb) mit anderen Satzgliedern. Genitiv = der 2. Fall (Nominativ, Genitiv, Dativ, Akkusativ) oder Wes-Fall: von Rechts wegen, des Bonus, Peters Sohn. Groß- und Kleinschreibung = er erklärte an Eides Statt; zum ersten, zum zweiten, zum dritten, kommt auf's gleiche heraus, das beste wäre, im nachhinein. Etwas schwieriger als die Groß- und Kleinschreibung ist der Konjunktiv II = Möglichkeitsform des Nichtwirklichen: wenn Sie 11 Richtige im Toto hätten; wenn er das wüßte, das sähe sehr gut aus, da bestünde Einvernehmen. Bei der Zusammen- oder Getrenntschreibung geht der Trend zur Zusammenschreibung: die Urkunde ist verlorengegangen, desungeachtet, zugunsten, aber: des öfteren, darüber hinaus, so daß, statt dessen, um so. Da hat man schon Mühe, es richtig aufs Papier zu bringen. Wie Sie es richtig machen: üben. Es ist die einfachste und die beste Methode, um die Grammatik in den Griff zu bekommen.

5.2 Übungen

Apostroph:

– ans	– an's
– aufs	– auf's
– beim	– bei'm
– ins	– in's
– BGBs	– BGB's
– GmbHs	– GmbH's
– durchs	– durch's
– fürs	– für's

Apposition/Kongruenz:

– 20 Blatt Schreibmaschinenpapier	– 20 Blätter Schreibmaschinenpapier
– aller guten Dinge sind drei	– alle guten Dinge sind drei
– in der Halle herrschten 35 Grad	– in der Halle herrschte 35 Grad
– Herr und Frau X. schüttelten sich die Hand	– Herr und Frau X. schüttelten sich die Hände
– vier und zwei ist sechs	– vier und zwei sind sechs
– eine Anzahl Carbonbänder weist Schäden auf	– eine Anzahl Carbonbänder weisen Schäden auf
– Freitag, den 13. September	– Freitag, dem 13. September
– meines Erachtens gibt es …	– meines Erachtens nach gibt es …

Genitiv/Wes-Fall:

– des Autors	– des Autoren
– ein Sprecher des ZDF	– ein Sprecher des ZDFs
– in der Reportage des Spiegel	– in der Reportage des Spiegels
– die Fassung des Brillanten	– die Fassung des Brillants
– wegen des Radars flog Mathias Rust …	– wegen dem Radar flog Mathias Rust …
– die Uniform des Soldaten hat …	– die Uniform des Soldats hat …
– das Handbuch meines Kollegen …	– das Handbuch von meinem Kollegen …
– auf Seite 10 des Duden	– auf Seite 10 des Dudens

Groß- und Kleinschreibung:

– der andere/nichts anders	– der Andere/nichts Anderes
– wir sind uns darüber im klaren, …	– wir sind uns darüber im im Klaren,…
– um nicht länger im ungewissen zu sein, …	– um nicht länger im Ungewissen zu sein, …
– Mehrere Dutzend Male riefen wir …	– Mehrere dutzend Male riefen wir …
– die Bestätigung ins reine schreiben	– die Bestätigung ins Reine schreiben
– wenn Sie unsere Zusicherung schwarz auf weiß haben …	– wenn Sie unsere Zusicherung Schwarz auf Weiß haben …
– ein gutes neues Jahr	– ein gutes Neues Jahr
– am Schwarzen Brett sind Nachweise für …	– am schwarzen Brett sind Nachweise für …
– im allgemeinen zahlen Sie …	– im Allgemeinen zahlen Sie …

Konjunktiv II:

– dabei betrüge der Effektivzins 7 Prozent	– dabei würde der Effektivzins 7 Prozent betragen
– dann begänne die Zahlweise erst …	– dann würde die Zahlweise erst im September beginnen
– als ob sie das nicht wüßte	– als ob sie das nicht wissen würde
– wenn er im Lotto gewänne …	– wenn er im Lotto gewinnen würde …

– sie verlöre dabei Tausende von Mark	– sie würde dabei Tausende von Mark verlieren
– dazu brauchte man	– dazu bräuchte man
– er trüge die Verantwortung, weil …	– er würde die Verantwortung tragen, weil …

Zusammen- oder Getrenntschreibung:

– der Ordnung halber	– der Ordnunghalber
– Sie werden mitunterschreiben	– Sie werden mit unterschreiben
– die Sache sieht gar nicht so leicht aus	– die Sache sieht garnicht so leicht aus
– das wird kaum in Frage kommen	– das wird kaum infrage kommen
– im Pullover werden Sie sich wohl fühlen	– im Pullover werden Sie sich wohlfühlen
– wir haben des weiteren mehrere Angebote	– wir haben desweiteren mehrere Angebote
– Können Sie den Kopierer instand setzen?	– Können Sie den Kopierer instandsetzen?
– eine Zeitlang haben wir	– eine Zeit lang haben wir
– können hinter der Konkurrenz nicht zurückbleiben	– können hinter der Konkurrenz nicht zurück bleiben
– ebensooft passiert es …	– ebenso oft passiert es …
– denn genaugenommen hat es noch niemand …	– denn genau genommen hat es noch niemand …
– werden die Rabattniks überhandnehmen und damit …	– werden die Rabattniks überhand nehmen und damit …
– werden die Satzfahnen noch korrekturlesen und …	– werden die Satzfahnen noch Korrektur lesen und …

– mit dem Band werden Sie Maß nehmen …	– mit dem Band werden Sie maßnehmen
– werden nicht zuungunsten von … entscheiden …	– werden nicht zu Ungunsten von … entscheiden
– haben uns kurzerhand entschlossen	– haben uns kurzer Hand entschlossen
– wobei irgend jemand die Zahlen …	– wobei irgendjemand die Zahlen …
– um Sie zufriedenzustellen, schlagen wir vor …	– um Sie zufrieden zu stellen, schlagen wir vor …

Gar nicht so einfach, die deutsche Grammatik und ihre Stolperstellen. Sicher haben Sie fehlerlos die grammatischen Klippen umgangen. Bitte vergleichen Sie Ihre Lösungen:

Apostroph:

ans, aufs, beim, ins, BGBs, GmbHs, durchs, fürs
Ein Apostroph steht beim Fürwort (Pronomen) „es“: gibt's heute, wenn's heiß wird;
beim Wes-Fall bei Namen auf „s“, „ß“, „x“ und „z“: Rubens' Gemälde, Marx' Werke.
Kein Apostroph steht bei deklinierten Abkürzungen (AGS, LKWs), bei Verhältniswörtern (Präpositionen) wie an, auf, durch, für und bei Verschmelzung von Präposition und Artikel.

Apposition/Kongruenz:

20 Blatt (nicht Blätter)
aller
in der Halle herrschten
schüttelten sich die Hand
vier und zwei ist sechs
weist/weisen (beides korrekt)

Freitag, den/Freitag, dem (beides korrekt – besser: 13.09.88)
meines Erachtens gibt es

Genitiv/Wes-Fall:

des Autors
des ZDF (ohne „s")
des Spiegel (ohne „s")
des Brillanten
wegen des Radars
des Soldaten
meines Kollegen
auf Seite 10 des Duden (ohne„s")

Die Apposition steht im gleichen Fall wie das Substantiv (Hauptwort), wobei es gleichgültig ist, ob vor- oder nachgestellt. Kongruenz ist die grammatische Übereinstimmung in Geschlecht, Fall, Person und Zahl.

Der Genitiv wird bei schwachen Substantiven meist mit „n" oder „en" gebildet, bei starken mit „s" oder „es" – ohne Endung bei stark gebeugten Wörtern: des Ski, des Bonus. Ein gescheiter Mensch sagte, am Genitiv und Konjunktiv erkenne man den guten Stilisten – und ein anderer setzte noch einen drauf: Die Grenzen meiner Sprache bedeuten die Grenzen meiner Welt. Aber so ernst wollen wir die Grammatik nun auch nicht nehmen.

Groß- und Kleinschreibung:

der andere/nichts anderes
im klaren
im ungewissen
Dutzend Male

ins reine
schwarz auf weiß
ein gutes neues Jahr
am Schwarzen Brett
im allgemeinen

Groß schreibt man alle Substantive und Wörter, die als Substantive verwendet werden, ebenso den substantivierten Infinitiv (hauptwörtliche Nennform: das Schreiben und das Lesen) sowie Eigenschaftswörter (Adjektive), Pronomen (Fürwörter) oder Zahlwörter, die als Substantive (Hauptwörter) verwendet werden. Adjektive und Partizipien werden groß geschrieben, wenn Für- oder Zahlwörter vorangehen: etwas Warmes, nichts Besonderes. Klein schreibt man Substantive, die als Adverbien (Umstandswort), Präpositionen, Adjektive der Art und Weise oder unbestimmte Zahlwörter gebraucht weden: für ein paar Dollar, ein klasse Vorschlag, nichts anderes. Immer Kleinschreibung, wenn Adjektiven, Adverbien und Partizipien ein Pronomen oder Artikel vorangestellt ist: der einzelne, es ist das besondere daran, wir tun alles. Sie können bei einem Superlativ „am" einsetzen? Es wäre das beste, aufs äußerste gefaßt. Es geht dem Wort ein Artikel voran? Der nächste bitte, der andere, den kürzeren ziehen. Unveränderliche Wortpaare werden immer klein geschrieben: im großen und ganzen, dick und dünn (aber: Dick & Doof), schwarz auf weiß.

Konjunktiv II:

dabei betrüge
dann begänne
als ob sie das nicht wüßte
wenn er im Lotto gewänne
sie verlöre

dazu brauchte man
er trüge

Heute wird im Konjunktiv alles mit „würde“ umschrieben. Sagen, was Sache ist, scheint aus der Mode zu kommen. Meinung kommt von mein – aber wer hat noch eine? Aber trösten Sie sich: Der Konjunktiv II ist im Schwinden. Obwohl die deutsche Sprache „würde“-los ist, setzt „würde“ seinen Siegeszug fort. Schade. Der Konjunktiv II leitet sich von der 1. Vergangenheit ab: wäre, hätte, … und drückt Gedachtes, Illusionäres aus. „Als ob“-und „Wenn“-Sätze verlangen immer den Konjunktiv II.

Zusammen- und Getrenntschreibung:

der Ordnung halber
mitunterschreiben
gar nicht
in Frage kommen
sich wohl fühlen
des weiteren
instand setzen
eine Zeitlang
zurückbleiben
ebensooft passiert
genaugenommen
überhandnehmen
korrekturlesen
Maß nehmen
zuungunsten
kurzerhand
irgend jemand
um Sie zufriedenzustellen

Regeln für die Zusammen- und Getrenntschreibung: keine! Auch der Duden hat keine einheitlichen Regeln festgelegt. Immer zusammen schreibt man Wörter, die einen neuen Begriff ergeben: mitdenken, mitunterzeichnen, zurückbleiben, immer getrennt diese Wörter: so daß, statt dessen, des weiteren, gar nicht, irgend etwas, zustande kommen. Öfter einen Blick in den Duden werfen ist bei der Zusammen- und Getrenntschreibung nicht zu umgehen.

Gibt es in der Grammatik nicht noch mehr Stolperstellen als Apostroph, Apposition/Kongruenz, Genitiv, Konjunktiv, Groß- und Kleinschreibung und Zusammen- und Getrenntschreibung? O ja, aber dann würde dieses Buch zu einem Grammatikwälzer. Deshalb wurden nur die gröbsten Fehler, die im Grammatischen auftauchen, besprochen. Wo es noch in der Grammatik „hakt"? Zum Beispiel beim Artikel: der oder das Radar – der oder das Revers – der oder das Teil (beides ist richtig!); oder bei den verschiedenen Pluralformen (Mehrzahl): Datum – Daten, Geschmack – Geschmäcke, Skala – Skalen; bei f- oder ph-Schreibung, Konjunktionen (Bindewörtern), Präpositionen (Verhältniswörtern), Superlativen, Auslassungs-e, Flugen-s, Imperativ (Befehlsform), Silbentrennungen – wo anfangen und wo aufhören? Sehen wir's nicht so eng – Grammatik ist eben nicht alles …

5.3 Rechtschreibtest

Bitte unterstreichen Sie die falschen Schreibweisen:

1. Richtig sil-ben-ge-trennt?
   Ab-itur / Abi-tur – Dia-gno-se – Epis-ode / Epi-so-de – Päd-ago-ge / Pä-da-go-ge – Trans-it / Tran-sit – Chir-urg – Kor-re-spon-denz – in-ter-es-sant – kor-re-spon-die-ren – fas-zi-nie-ren – in-sze-nie-ren – Ma-nu-skript – Vit-amin – Diens-tag – at-mo-spä-risch

2. Richtig oder falsch?
   allzuoft – annullieren – in Blau, in Gelb, in Grün – darüber hinaus – des öfteren – des weiteren – diät leben – dort ein und aus gehen – einfach klasse – Auffahrt freihalten – in Frage – freigebig – gar nicht – überhandnehmen – kurzerhand – im nachhinein – infolgedessen – irgend etwas – irgendwann – Kenntnisse in Physik, in Chemie, in Deutsch – korrekturlesen – mitunterschreiben – auf Nummer Sicher gehen – Nummer 1/Nummer eins – numerieren – probefahren – Quarz – ins reine schreiben – am Schwarzen Brett – ein Schweizer Journalist – die sowjetische Frau – so daß – um so – unverrichteterdinge – sich wohl fühlen – zugunsten – zuungunsten

Wie viele Fehler haben Sie entdeckt?
Silbentrennungen:
Richtig oder falsch:

Lösung: alles – alles!
– richtig (!).

5.4 Satzzeichen (Interpunktionen)

Im Reich der Interpunktionen
nicht fürder goldner Friede prunkt:

Die Semikolons werden Drohnen
genannt von Beistrich und von Punkt.

Es bildet sich zur selben Stund
ein Antisemikolonbund.

Die einzigen, die stumm entweichen
(wie immer), sind die Fragezeichen.

Die Semikolons, die sehr jammern,
umstellt man mit geschwungenen Klammern,

und setzt die so gefangnen Wesen
noch obendrein in Paranthesen.

Das Minuszeichen naht, und – schwapp!
da zieht es sie vom Leben ab.

Kopfschüttelnd blicken auf die Leichen
die heimgekehrten Fragezeichen.

Doch wehe! neuer Kampf sich schürzt:
Gedankenstrich auf Komma stürzt –

und fährt ihm scheidend durch den Hals,
bis dieser gleich – und ebenfalls

(wie jener mörderisch bezweckt)
als Strichpunkt das Gefild bedeckt …

Stumm trägt man auf den Totengarten
die Semikolons beider Arten.

Was übrig von Gedankenstrichen,
kommt schwarz und schweigsam nachgeschlichen.

Das Ausrufezeichen hält die Predigt;
das Kolon dient ihm als Adjunkt.

Dann, jeder Kommaform entledigt,
stapft heimwärts man, Strich, Punkt, Strich,

Punkt …

Ringelnatz

5.5 Die 13 Satzzeichen

Anführungszeichen, halbe Anführungszeichen, Apostroph, Auslassungspunkte, Ausrufezeichen, Binde-/Gedankenstrich, Doppelpunkt, Fragezeichen, Klammern, Komma, Punkt, Schrägstrich, Semikolon

„…“ Anführungszeichen kennzeichnen die wörtliche Rede, heben etwas hervor, können auch ironisierend eingesetzt werden.

'…' Halbe Anführungszeichen heben die Anführung in der Anführung hervor.

' Der Apostroph (Auslassungszeichen) ist oft Glückssache (ans, fürs, durchs – aber wenn's, ist's, liegt's), deshalb im Zweifelsfall weglassen (Pedantenhäkchen).

… Auslassungspunkte wollen etwas sagen, was man weggelassen hat/als bekannt voraussetzt (immer nur 3 Auslassungspunkte …).

! Das Ausrufezeichen hat so schöne Beinamen wie „Schreihals“, „Lärmstange“, „orthographische Keule“ oder „Schlagetot“ – bitte sparsam setzen – immer berechtigt beim Imperativ (Wunsch-/Aufforderungsform).

– Der Binde- oder Gedankenstrich lockert auf, erklärt, macht Satzglieder und Texte übersichtlicher – auch hier: bitte nicht übertreiben (!)

: Der Doppelpunkt vereinfacht den Satzbau, spart Konjunktionen – außerdem ist der Doppelpunkt ein effizientes Stilmittel.

? Fragezeichen sind sehr gute Stilmittel. Fragen bitte im Aktiv stellen. Fragen machen neugierig, zwingen zum Lesen, bringen den anderen zum Denken.

( ) < >	Bei den Klammern scheiden sich die Geister – pro oder contra? Vorschlag: wenig anwenden/nur bei Erklärungen.
,	Komma Ja oder Nein? Im Zweifelsfall weglassen. Sätze mit einem oder zwei Kommas/Kommata reichen. Das vermeidet nicht nur Bandwurmsätze, sondern ist auch lesefreundlicher.
.	Setzen Sie öfter einen Punkt – große Regel: nach spätestens 12 bis 20 Wörtern.
/	Der Schrägstrich kann als Stilmittel eingesetzt werden, vor allem bei und/oder, positiv/negativ, Mehrfachnennungen (Lehmann/Schulze).
;	Das Semikolon trennt stark, besonders für lange Sätze geeignet. Vorsicht: ein intellektuelles Zeichen (!)

5.6 Das Ausrufezeichen

Detailliert über die Anwendung des Ausrufezeichens informiert der Duden. Wolf Schneider, Leiter der Henri Nannen-Journalistenschule, definiert das Ausrufezeichen so: „Vorsicht vor dem Ausrufezeichen, das den eigenen Worten einen Tusch nachschickt.“ Professionelle Sekretärinnen verwenden das Ausrufezeichen selten; schon gar nicht hinter Einleitungssätzen wie

„Vielen Dank für Ihre Nachricht“ oder „Bitte entschuldigen Sie“. Sie wissen weshalb: Das Ausrufezeichen ist nichts anderes als ein Punkt im Affekt, eine Lärmstange, ein Schreihals. Besser ist auf jeden Fall ein Punkt. Über das Ausrufezeichen sind sich Sekretärinnen und Diktierende weitgehend einig: Ausrufezeichen markieren den Schluß orthographischer Keulen kleinbürgerlicher Schlagetots. Muß hier noch ausgeführt werden, daß Profis der Sprache selbst nach der Anrede kein Ausrufezeichen, auch kein Komma setzen? Die Schweizer praktizieren es seit langem. Anrede ohne Ausrufezeichen, ohne Komma, zwei Zeilenschaltungen, und mit Großschreibung des ersten Wortes beginnt der Text. Das dauert noch etwas, bis es sich überall herumgesprochen hat. Bei Textbausteinen einfach unentbehrlich. Manche liebe Zeitgenossen wissen nicht nur alles, sondern auch alles besser, aber manches falsch. Weist man sie auf den Irrtum hin, wird dem Duden der Schwarze Peter zugeschoben; denn der hätte „seine liebe Not mit unserer Sprache“. Bliebe nur noch zu fragen, wo der Notstand größer ist.

5.7 Der Schrägstrich

Schon Nikolaus von Wyle (1462) stellte als geringstes Satzzeichen das strichlin (/) vor, das er aus mittelalterlichen Handschriften übernahm und dessen Aufgabe in der Trennung bloßer Wörter ohne vollkommenen Sinn bestand. Wir verdanken Nikolaus von Wyle die erste Interpunktionslehre in deutscher Sprache. Der Name Beystrichlein für den Schrägstrich taucht zuerst bei Justus Georg Schottel (1641) auf. Als Komma oder Beystrich wurde er in diese Form gedrängt. Damit ist aber das Schicksal des Schrägstriches nicht besiegelt worden, heute erlebt der Schrägstrich eine Renaissance, und wir sollten ihn viel öfter einsetzen. Wo? Zum Beispiel:

als Stenotypistin/Sachbearbeiterin – in den Farben dkl./weiß – hell. Eiche/Fichte-Korpus – in der Umgebung Frankfurt/Main – den Preisen 85,00/110,00 DM – 110 km/h – Turnier Becker/Lendl – Berliner Allee/Ecke Saonestraße – sehr geehrte/r Chefredakteur/in

5.8 Der Doppelpunkt

Eines der besten Stilmittel ist der Doppelunkt; er kündigt etwas an, spart Konjunktionen (Bindewörter) und erregt Aufmerksamkeit. Die Schwierigkeit beim Doppelpunkt: Klein- oder Großschreibung danach? Schauen wir mal in die Grammatikregeln: „Wenn nach dem Doppelpunkt ein vollständiger Satz folgt, schreibt man groß.“ Einverstanden, aber es gibt eine zweite Grammatikregel: „Der Doppelpunkt steht mit Kleinschreibung des folgenden Wortes, falls dieses kein Substantiv ist, vor Aufzählungen, auf die zusammenfassend hingewiesen wird, vor Sätzen, die eine Zusammenfassung des Vorangegangenen oder Folgerungen daraus enthalten …“ Meine Empfehlung: nach dem Doppelpunkt im Zweifelsfall klein weiterschreiben – Ausnahme: direkte Rede, Substantive. Den Duden haben Sie dabei auf Ihrer Seite. Immer.

5.9 Das Semikolon

Die Anwendung des Semikolons zeugt von einer gewissen Stilreife, der Mehrheit der Diktierenden ist es völlig unbekannt. Wie einsetzen? Vor „denn“, „daher“ „deshalb“, „deswegen“, „jedoch“, „aber“, bei Aufzählungen, um Verschiedenes zu trennen/kenntlich zu machen; wenn Sie „Pausen“ im Satz schaffen wollen und das Komma zu schwach für eine Trennung ist. Zu häufig angewendet, wirkt es manieriert; sparsam dagegen lokkert es auf und fördert das Verstehen. Anfang des 18. Jahrhunderts liest es sich so: „… das Semicolon oder Comma mit einem Punkt darüber ist ein Zeichen, das die Einfältigsten wohl auslassen können …“ – eben nur die Einfältigsten. Legen Sie Wert auf einen guten Stil? Dann setzen Sie sparsam das Semikolon in Ihren Texten ein.

5.10 Das verflixte Komma

Das Komma (Mehrzahl: Kommas oder Kommata) setzt man bei Aufzählungen, bei Bindewörtern (Konjunktionen), die gegensätzlich sind (z. B. aber, allein, dennoch, sondern jedoch, ...); bei gleichwertigen Hauptsätzen, selbst dann, wenn sie mit „und“/„oder“ oder sonstigen Bindewörtern verbunden sind. Immer ist das Komma notwendig bei eingeschobenen Nebensätzen; fast immer wird es gesetzt vor „daß“, „es sei denn“, „daß – so daß“, „um so weniger, als ...“

Kein Komma setzt man bei Eigenschaftswörtern (Adjektiven), die mit dem folgenden Hauptwort (Substantiv) einen Gesamtbegriff bilden („erstklassige frische Ware“); bei „weder – noch“, „sowohl – als auch“, „soviel – wie“, „entweder – oder“, bei „und“/„oder“. Vorsicht: Folgt ein Tätigkeitswort (Verb) im Satz nach „und“/„oder“, muß ein Komma gesetzt werden. Ebenfalls kein Komma bei „und“/„oder“, wenn gemeinsame Satzglieder oder kurze zusammenhängende Hauptsätze verbunden werden; wenn dem Hauptsatz eine wörtliche Rede vorausgegangen ist mit Frage- oder Ausrufezeichen („Fahr schneller!“ sagte Manfred. „Warum?“ fragte sie.).

Welche Funktionen hat nun das Komma? Es trennt Haupt- und Nebensatz, gliedert den Satz grammatisch, macht eingeschobene Zusätze kenntlich; stilistisch gehört es zu den schwachen Satzzeichen. Das Nullkomma bei der Über- und Unterordnung von Satzgliedern: der neunte krititsche Tag – beim Prinzip der

Nebenordnung hieße es: der neunte, kritische Tag (mit Komma). Das Doppelkomma dagegen schließt Satzteile ein oder hebt sie aus dem Satz hervor wie Anführungszeichen, Bindestriche oder Klammern. Dabei ist es gleichgültig, ob es sich nun um Ausrufe, Beifügungen, eingeschobene Nebensätze, Anreden oder nebenordnende Sätze handelt (Leute, die viel reden, sagen meistens nichts). Noch eine Regel: Nebensätze werden durch ein Komma „abgetrennt", wenn der Satz nach „und" ein vollständiger Hauptsatz ist. Ebenso bei „oder".

So eng wie Karl Kraus wollen wir die Kommasetzung nicht sehen: „Mir liegt auch 30 Jahre nach meinem Tod mehr an einem Komma, das an seinem Platz steht, als an der Verbreitung des ganzen übrigen Textes."

Sie sind sich nicht sicher, ob Komma oder nicht? Weglassen!

Sie ist cleverer als ich = kein Komma vor „als". Sie ist cleverer, als ich es bin = Komma vor „als" (sein); das gilt auch für „wie".

Die Kommasetzung gehört zur Interpunktion (interpunktieren), was soviel heißt wie durch Punkte oder Striche abteilen (von lat. interpungere). „Interpunktieren Sie mal: Bitte seien Sie so nett … Sehr geehrte Frau Emmerich … Also sprach Zarathustra … – kein Komma gesetzt? Richtig!

Oscar Wilde auf die Frage, womit er seinen Vormittag verbracht habe: „Ich habe in ein Gedicht ein Komma eingefügt." Und am Nachmittag? „Da habe ich es wieder gestrichen."

Als Theodor Fontane noch Redakteur bei der Vossischen Zeitung in Berlin war, sandte ihm ein junger Schriftsteller einige Gedichte ein, er schrieb dazu: „… da mir die Interpunktion bei meinen geistigen Inspirationen unwichtig ist, wollen Sie bitte die Kommata selber einfügen ..." Fontane schrieb zurück: „... nach der Lektüre Ihrer Gedichte möchte ich vorschlagen, daß Sie mir in Zukunft nur die Kommata einsenden. Ich werde dann die Verse selber einfügen."

Wenn Sie sich gründlich über die Kommasetzung informieren wollen, schlagen Sie bitte im Duden 1, Rechtschreibung, Bibliographisches Institut Mannheim, 19., neu bearbeitete und erweiterete Auflage, 1986, nach. Auf den Seiten 38 bis 48 finden Sie (R 90 – R 127) alles Wissenswerte darüber. Hier einige Auszüge:

R 97 Das Komma trennt den nachgestellten Beisatz ab. „Johannes Gutenberg, der Erfinder der Buchdruckerkunst, wurde in Mainz geboren." Kein Komma steht dagegen, wenn der Beisatz zum Namen gehört. „Das ist ein Gemälde von Hans Holbein dem Jüngeren."

R 102 Kein Komma steht vor den ausschließenden Konjunktionen (Bindewörtern). Hierzu gehören beziehungsweise, entweder – oder ... „Du mußt Dich entweder für das eine oder für das andere entscheiden."

R 108 Der reine Infinitiv (Grundform des Tätigkeitswortes) mit „zu" wird in den meisten Fällen nicht durch Komma abgetrennt. „Seine Bereitschaft zu helfen muß man anerkennen."

R 117 Das Komma steht, wenn ein Zwischensatz vorausgeht. „Wir glauben, daß wir richtig gehandelt haben, und werden diesen Weg weitergehen."

R 126 Wird die Fügung als Einheit verstanden, dann steht das Komma nur vor der Fügung als Ganzem, nicht vor der eigentlichen Konjunktion (Bindewort). Hierzu gehören die Fügungen: als daß – anstatt daß – auch wenn – außer daß/wenn/wo – namentlich wenn – ohne daß – selbst wenn – ungeachtet daß (aber: ungeachtet dessen, daß). „Der Plan ist viel zu umständlich, als daß wir ihn ausführen könnten.

R 127 Bei einigen Fügungen ist ein schwankender Gebrauch des Kommas zu verzeichnen. … Solche Schwankungen treten auf bei … „besonders(,) wenn – geschweige(,) daß – gleichviel (,) ob …“

5.11 Das Fragezeichen

Wollen Sie in Ihrem Schriftverkehr erfolgreicher sein? Dann behaupten Sie weniger, stellen Sie weniger fest – statt dessen fragen Sie mehr. Fragen erfordern eine Antwort. Bitte nicht so im Stil der Fernsehsendung „Keiner fragt, Politiker antworten“, sondern direkt und im Aktiv (Tatform). Was haben Sie vor? Was planen Sie? Was können Sie anlegen? Dabei kommt es darauf an, die richtigen Fragen zu formulieren. Offene oder geschlossene Fragen? Wollen Sie ein Ja oder Nein = geschlossene Fragen: Sind Sie damit einverstanden? Wollen Sie eine Antwort, die mindestens aus einem Satz besteht: Wie hoch wäre der tragbare Aufwand? W-Fragen sind immer offene Fragen (wer, was, wo, wie, ...). Mit Fragen lenken Sie den Briefpartner – und wer fragt, der führt, und wer führt, der überzeugt auch. Welche Fragearten es gibt? Eine Fülle, hier einige Beispiele: rhetorische Fragen, Gegenfragen, Alternativfragen, motivierende Fragen, Nein-Fragen, Ja-Fragen-Straße, Bestätigungsfragen, Kontrollfragen, Informationsfragen, Suggestivfragen, Fangfragen, Bumerangfragen, Weiterführungsfragen, taktische Fragen, taktische Gegenfragen, Fragen nach Tatsachen, Fragen nach Gefühlen, direkte Fragen, indirekte Fragen, Vielzweckfragen. Einfacher ausgedrückt: Logik ist die Lehre vom Begreifen, Urteilen und Schlußfolgern – Fragen dagegen die des Agierens, Erkennens und Gewinnens.

Alle anderen Satzzeichen – Anführungszeichen, halbe Anführungszeichen, Apostroph, Auslassungspunkte, Binde- oder Gedankenstrich, Klammern oder Punkt – bedürfen keiner näheren Erläuterung, weil sie nach Bedarf gesetzt werden und es dabei keine Schwierigkeiten gibt. Ob Sie öfter einen Punkt setzen, bleibt Ihnen überlassen, ebenso das Einklammern, Anführen, Auslassen oder Bindestricheln. Das entscheiden Sie.

6

Psychologie

6.1

Psychologie im Schriftverkehr

Die Pseudoweisheit „Der Klügere gibt nach“ ist ein unsterbliches Sprichwort geworden. Es begründet die Weltherrschaft der Dummheit.

(Verfasser nicht bekannt)

Psychologisch richtig korrespondieren und texten heißt vor allem, psychologische Einflußgrößen reflektieren. Wie? Einfach denken, anders denken, an den anderen denken. Oder fragen Sie sich mal: Wie hätte ich's denn gern? Was interessiert Sie in erster Linie? Ergebnisse! Weg mit Frustrationen oder Konfliktsituationen, statt dessen Sympathie und Vertrauen schaffen. Und wenn einmal die Situation da ist, wo nur noch geht, was geht, dann geben Sie der Wahrheit die mildeste Form. Aber ohne Phrasen, Märchen oder faule Ausreden. Denn sie haben den

Nachteil, daß sie durchschaut werden: Die geschäftliche Beziehung ist gestört oder bricht ab. Und wem wollen Sie dann noch etwas verkaufen? Deshalb beherzigen Sie die psychologischen Einflußgrößen, die Sie übersetzen können mit Kenntnissen zeitgemäßer Umgangsformen, die in unserem Kulturkreis üblich sind. Streben Sie dabei immer die Zufriedenheit Ihres Kunden an. Schließlich ist die höchste Form der Kommunikation die Konfrontation mit den Ideen anderer. Rechthaben wollen, Belehren oder Besserwissen sind in der modernen Geschäftskorrespondenz Nulloptionen, sie reizen den Empfänger bis zur Weißglut, mobilisieren Kontrakräfte in ihm, die Sie und Ihr Unternehmen zu spüren bekommen. So oder so. Bitte versuchen Sie auch nie, den Kunden vom Gegenteil überzeugen zu wollen; machen Sie nicht einmal den Versuch, ihm zu beweisen, daß er unrecht hat. Es ist besser, Sie argumentieren taktisch und gefühlsmäßig. Zeigen Sie ihm etwas auf, bieten Sie Tatsachen und nochmals Tatsachen mit einem Schuß chaleur humaine (menschliche Wärme) – das überzeugt und bringt Sie und Ihren Kunden auf die Gewinnerstraße.

Sprache ohne Psychologie wäre auch keine Sprache. Wie übersetzen Sie Sprache? Richtig! Mit Verbalisieren der eigenen Gedanken. Denn wie man spricht, formuliert oder diktiert, so denkt man auch. Weil Sprache und Sprechvermögen einerseits und Denken und Denken-Können andererseits eine Einheit bilden. Psychologisch umgesetzt: dieses Gedankliche und Überlegte mit einer positiven Geisteshaltung konsequent einsetzen. Kunden haben immer recht? Unsinn. Kunden argumentieren weder sachlich noch logisch noch beweisführend. Ausnahmen hiervon bestätigen nicht die Regel, sondern schwächen sie lediglich ab. Was Sie brauchen, ist Verständigungsfähigkeit mit Ihrer Sprache; oder nennen Sie es schlicht positives Beeinflussen des anderen. Und das gelingt Ihnen nur mit dem Einsatz geistiger Mittel.

Wie denn nun? Stellen Sie Ihren Kunden in den Mittelpunkt des Geschehens, bestärken Sie ihn, stärken Sie sein Selbstwertgefühl, verschaffen Sie ihm angenehme Gefühle beim Lesen, sprechen Sie ihn überzeugt und optimistisch an (nicht „optimisteln"). Agieren Sie – reagieren Sie nicht nur – das kostet Sie ein müdes Lächeln. Bringen Sie viele soziale und konkrete Verstärker (soziale Verstärker sind unter anderem „gut", „gute Wahl", „Sie haben recht", „fein", … – konkrete Verstärker: Vorteile, Nutzen, Geld und Zeit sparen mit …, Sicherheit, Wünsche, Gewinn, Prestige, …), personalisieren Sie alles (Sie-Stil), formulieren Sie nicht nur zur Sache, sondern auch zum Menschen – so gewinnen Sie immer. Ein gescheiter Zeitgenosse war es, der alles in einen Aphorismus packte: „Die Natur des Menschen hat sich seit Homer nicht geändert. Und es besteht auch keine Aussicht, daß sie sich jemals ändern wird." Bitte beherzigen Sie das beim nächsten Geschäftsbrief.

Noch einige Zeilen zur oft beschworenen *Toleranz:* Vielen Menschen fehlt die Fähigkeit zur Toleranz. Diese Vokabel, für die es im Deutschen noch nicht einmal eine adäquate Übersetzung gibt, ist ein Fremdwort im wahrsten Sinne des Wortes. Sagen wir es positiv mit Beispielen: Menschen habe ich zu respektieren, nicht zu tolerieren. Unterschiedliche Ansichten einer Sache werde ich als Bereicherung begrüßen. Aber Meinungen, die ich für falsch halte, kann ich weder tolerieren noch akzeptieren. Was tun Sie? Sie werden gegen falsche Meinungen „an"argumentieren.

Psychologie hin, Psychologie her – welche Wörter oder Formulierungen sind es denn, die man einsetzen oder vermeiden muß?

Versuchen wir's gemeinsam. Psychologisch negativ beladene Wörter im Schriftverkehr sind: Ärger/ärgerlich – also – nämlich – Kosten/kostet – bezahlen – Sorgen – verlieren/Verlust – schlecht – schwierig – verpflichtet/Verpflichtung – Tod/tot – versagen – Unterlassung/unterlassen – müssen. Die psychologisch positiv beladenen Wörter lauten: Sie/Ihr/Ihre/Ihnen – Verstehen – Sicherheit – Vorteil – Nutzen – das bedeutet für Sie – sofort – Garantie/garantieren – stolz/Stolz – Verdienst – Vertrauen/vertrauen – leicht – Komfort/komfortabel – Gewinn/gewinnen – Wert/wertvoll – Glück/glücklich – …

Wenn ich nicht irre, so war es Zig Ziglar, der die Psychologie des Wortes in einem Satz ausdrückte: „Mehr als die Hälfte der Menschheit geht hungrig zu Bett, aber ein noch größerer Prozentsatz der Menschheit geht hungrig nach Anerkennung zu Bett.“

Der Rest ist Können.

6.2 13mal psychologisch positiv

Ausdrucksvermögen
Einfallsreichtum
Einfühlungsvermögen
Engagement
Entscheidungsfreude

Flexibilität
Initiative
Kreativität
Positives Denken
Sympathie
Überzeugungskraft
Verhandlungsgeschick
Vertrauen

Frage: Was ist Toleranz?

Antwort: Toleranz wird häufig mit Gleichgütligkeit oder Desinteresse verwechselt. Toleranz heißt nicht, daß ich eine andere Meinung, die ich als falsch erkannt habe, bestehen lasse. Toleranz heißt, daß ich eine falsche Meinung als falsche Meinung bekämpfe, so stark ich kann. Wenn Sie etwas als falsch erkannt haben, müssen Sie es bekämpfen – das ist überhaupt keine Frage.

6.3 13mal psychologisch negativ

Angst
Belehrungen
Ego-Trip

Gleichgültigheit
Kaschierte Verantwortlichkeiten
Rechthaberei
Routine
Schulmeistern
Spezielle Denkrillen
Sprachlosigkeit
Unlust
Verdrängung
Zynismus

Die Wahrheit ist oft zu einfach, um Glauben zu finden, denn schon Mark Twain erkannte: „Das Recht auf Dummheit gehört zu den Garantien der freien Entfaltung der Persönlichkeit.“

Aufgabe: Was setzen Sie den Negativelementen in Korrespondenz und Text entgegen?

Negativelemente: Aggressionen
Arroganz
Aversionen
Besserwissen
Desinformationen
Destruktion
Egoismus
Frustration
Pathos
Problemblindheit
Pseudohöflichkeit
Untertanensprache
Verweigerung

Ihre Antworten: ______________________________

____

____

Lösungsvorschlag: Ausgeglichenheit
Diplomatisches Vorgehen
Goodwill
Fairness
Fingerspitzengefühl
Hilfsbereitschaft
Kontaktfähigkeit
Kritisches Denken
Lernfähigkeit
Motivation
Selbstkontrolle
Verständnis
Vorurteilsfreiheit

6.4

Übungsaufgabe: „Bitte zum Diktat, Fräulein Kusch!"

„Sind Sie bereit, Fräulein Kusch?" Ja!" Sie nickt. „Sehr geehrter Herr Colman, wir bedauern außerordentlich, daß Ihr Brief durch den Fehler eines Mitarbeiters nicht beantwortet wurde. Wir bitten Sie dafür um Entschuldigung … Haben Sie das, Fräulein Kusch?" „Hm, ist das nicht sehr negativ formuliert?"

„Schreiben Sie, und denken Sie nicht, also weiter im Text ... Ihre Reklamation hat Ihnen sicher Ärger und Mühe gebracht. Um Ihren berechtigten Ärger zu mildern, schreiben wir Ihnen 20 DM als Entschädigung gut ...“ „So wollen Sie es schreiben, Chef? Mit Stacheldrahtwörtern und daraus resultierenden Killerphrasen? 'Ärger', 'Reklamation' und so? Da kommt doch der alte Ärger beim Kunden wieder hoch.“ „Noch einmal, liebes Fräulein Kusch, Sie schreiben das, was ich Ihnen sage. Basta. Und unterbrechen Sie mich nicht mehr – klar?“ „Pardon!“ „Weiter ... Bei Ihrer nächsten Bestellung bitte genau maßnehmen – wird in einem Wort und klein geschrieben, Fräulein Kusch – damit es keine Enttäuschungen gibt.“ Fräulein Kusch möchte etwas sagen. Sie beißt sich auf die Zunge. Mein Gott, denkt sie, Deutsch ist wirklich die Sprache derer, die zwar deutsch fühlen, aber nicht Deutsch können. „Absatz. Noch eine Bitte an Sie: Sollten Sie die verloren gegangene Kundenkarte wieder finden – verloren gegangen und wieder finden sind jeweils 2 Wörter, Fräulein Kusch – senden Sie sie uns bitte ein. Die Nummer Ihres Einkaufskontos bleibt jedoch unverändert erhalten. Absatz. Wenn bei Ihrer nächsten Bestellung noch ein Sperrgut hinzu kommt – auseinander bitte – kann sich eine Verzögerung ergeben, für die wir im voraus um Nachsicht bitten. Absatz. Übersenden Sie uns freundlicherweise die beigefügte Erklärung baldmöglichst ein. Für Ihre Mühe sagen wir Ihnen ebenfalls im Voraus – Voraus groß – verbindlichsten Dank. Absatz. Mit freundlichen Grüßen, hapipapo, Anlagen, etceterapepe ...“ Ich schreibe das sofort, Chef. “ O Herr, denkt Fräulein Kusch beim Hinausgehen, es ist schon ein Unterschied, ob man eine Flasche im Keller oder im Chefbüro hat. Das kann nur an der unterschiedlichen Intelligenz von Vor- und Nachgesetzten liegen. Sie setzt sich an die Schreibmaschine und tippt ...

Ihre Aufgabe:	Entdecken Sie bitte mindestens ein Dutzend Fehler; formulieren Sie den Brief neu. Im Stil von „einfacher, kürzer, erfolgreicher.“ (s. a. Checkcode.)

Lösung „Bitte zum Diktat, Fräulein Kusch!“

bedauern außerordentlich	psychologisch negativ
Fehler eines Mitarbeiters	psychologisch sehr negativ
um Entschuldigung	Kanzlei-/Bürokratenstil
Ärger/Reklamation	Stacheldrahtwörter/ psychologisch negativ
Maß nehmen	so die richtige Schreibweise (Rechtschreibfehler)
Enttäuschungen gibt	psychologisch negativ
… eine Bitte an Sie: …	an wen schreibt er? Doppelausdruck
verlorengegangene	so die richtige Schreibweise (zusammen)
wiederfinden	so die richtige Schreibweise (zusammen)
hinzukommt	so die richtige Schreibweise (zusammen)
für die wir …	wofür/Stilfehler
freundlicherweise	phrasenhafte Stereotype/besser: bitte
baldmöglichst	unsinniger Superlativ/besser: so rasch wie möglich/schnell/ sofort/innerhalb …
im voraus	so die richtige Schreibweise (klein) – aber wie bedankt man sich „im voraus“?

verbindlichsten Dank	„a Schmarrn" sagt der Bayer und Sie? Besser: danke/vielen Dank.

Sie haben mindestens 12 Fehler entdeckt? Sie sind perfekt!

Vorschlag nach „einfacher, kürzer, erfolgreicher":

Sehr geehrter Herr Colman,

bitte entschuldigen Sie unsere verspätete Antwort.

Ihrem Einkaufskonto haben wir sofort 20,00 DM gutgeschrieben. Damit wollen wir unterstreichen, wie sehr uns an Ihrer Zufriedenheit gelegen ist.

Bitte achten Sie bei Ihrem nächsten Auftrag darauf, genau Maß zu nehmen. Eine Anleitung dazu finden Sie auf Seite ... des Frühjahr-/Sommerkatalogs '89.

Wegen Ihrer verlorengegangenen Kundenkarte können Sie unbesorgt sein: In den nächsten Tagen erhalten Sie eine neue. Ihre Kontonummer bleibt unverändert gültig. Bitte informieren Sie uns, wenn Sie die Karte wiederfinden. Diesem Brief haben wir eine vorbereitete Erklärung beigefügt: ausfüllen, unterschreiben und an uns schicken.

Geben Sie uns bald wieder Gelegenheit, Ihre Aufträge zu erfüllen. Wir werden Sie rasch, sorgfältig und zuverlässig bedienen.

Inzwischen freundliche Grüße

Erklärung mit Antwortkuvert

6.5 Was halten Sie von diesen Formulierungen?

1 „Es tut mir leid, Ihnen mitteilen zu müssen, daß Sie offensichtlich Äpfel mit Birnen verwechseln. Die Haager Konvention ist … ausschließlich zum Schutz von Kulturgut bestimmt. Da wir nicht annehmen, daß es sich bei Ihnen etwa um eine archäologische Stätte, ein historisches Denkmal … handelt … können Sie bedauerlicherweise noch nicht einmal der von den zuständigen Behörden ausgegebenen und abgestempelten Armbinde mit dem Erkennungszeichen teilhaftig werden … Sollten Sie ein noch weiter gehendes Schutzbedürfnis haben, empfehle ich eine Kontaktaufnahme mit dem Bundesamt für Zivilschutz (Deutschherrenstr. 95, 53177 Bonn) …"

Behördenantwort auf ein Schreiben des Obstbauern Martin Höfflin wegen Zivilschutz – Auszug aus dem Schreiben von Martin Höfflin… „… aufgrund der Haager Konvention ist es möglich, schutzwürdiges Kulturgut durch ein Abzeichen sowie dessen Registrierung bei der UNESCO aus Kriegshandlungen herauszuhalten … ich halte mich auch für so ein schutzwürdiges Kulturgut und werde deshalb das Kulturschutzabzeichen tragen. Bitte teilen Sie dies den anderen Vertragsparteien mit …"

2 „Auf Ihre Vorladung möchte ich Ihnen mitteilen, daß ich nicht die Absicht habe zu kommen … Der Patient ist somatisch nicht beeinträchtigt. Materielle und emotionelle Motive stehen im Vordergrund …“

Schreiben eines Professors an das Landgericht Hamburg wegen des Vorwurfs „schwerer schuldhafter Arztfehler“.

3 „Ausgerechnet in einem unserer zuverlässigsten Auslieferungslager hat ein Sachbearbeiter versagt: Wir wurden erst jetzt davon verständigt, daß der von Ihnen bestellte Artikel bereits ausverkauft ist. Das ist uns sehr unangenehm und wir bitten dafür um Entschuldigung …“

Schemabrief eines Versandhauses für „Unerledigte Aufträge“. Dieser Brief geht nicht einmal oder zehnmal, sondern 10 000fach an Adressaten – über Laserdrucker in Top-Schriftqualität.

4 „Dem Gericht liegt die gesamte Handakte vor. Leider kann nur auf diese zurückgegriffen werden, da der Beklagte die Unverfrorenheit besitzt, den Auftrag zu bestreiten. Absurd erscheint die Behauptung, ein Geschäftswert von 5.000,-- DM sei angemessen …“

Schreiben eines Rechtsanwalts an das Amtsgericht Nürnberg. Der Beklagte erhielt eine Kopie dieser Rechtschreibübungen des betitelten Rechtsanwalts.

5 „… mit Verwunderung nehme ich Ihr Schreiben vom 4.10.88 zur Kenntnis, welches ich Ihnen hiermit urschriftlich zurücksende. Herr Senator Rexrodt pflegt für Interviews kein Entgelt zu entrichten und hält ein solches Ansinnen für außerordentlich ungewöhnlich …“

Schreiben des Persönlichen Referenten an einen PR-Redakteur, der Artikel und Interview (Cassette) druckfertig gestaltete.

6 „… Der Empfang durch den …direktor und Leiter der Bauabteilung, Herrn …, war mehr als frostig und stellte sich so dar, daß die LZB grundsätzlich mit dem Hause … keine weiteren Aktivitäten mehr tätigen will. Die LZB ist es nicht gewohnt, in dieser Art behandelt zu werden und bat den Unterzeichner, dies entsprechend weiterzugeben …"

Schreiben eines Unternehmens an die Zentrale einer Bank.

(Originalbeispiele)
Was fiel Ihnen auf?

Beispiel 1: ______________________________
Beispiel 2: ______________________________
Beispiel 3: ______________________________
Beispiel 4: ______________________________
Beispiel 5: ______________________________
Beispiel 6: ______________________________

Anmerkungen zu „Was halten Sie von diesen Formulierungen?"

Beispiel 1: Kenntnisse zeitgemäßer Umgangsformen per Brief zwischen Behörde und Bürger sind meist Glückssache. Die „von Oben nach Unten"-Mentalität in der Beamtenstube ist sehr ausgeprägt.

Beispiel 2: Woher weiß der Schreiber der Zeilen das so genau? Oder sollten Behauptungen eines Betitelten die Wahrheit ersetzen?

Beispiel 3: Wenn ein Kunde liest, ein Mitarbeiter des Unternehmens habe „versagt“, so wird er sich etwas denken. Merke: Nie einem Mitarbeiter die Schuld geben (in Mitteilungen an Kunden/Geschäftspartner).

Beispiel 4 : auf einen Nenner gebracht: „Ich da oben – Du da unten!“ Enzensberger beschrieb dieses Phänomen so: „„... die Juristenausbildung gleicht der Dressur von Zirkusflöhen. Die werden in einer Zigarrenkiste gehalten, auf die man eine Glasscheibe legt. Das wiederholt sich in immer niederen Kisten: hohes Hüpfen wird den Tierchen abgewöhnt; schließlich kriechen die Flöhe nur noch, auch wenn sie über sich keine Glasscheibe mehr haben. Dieser Effekt ist etwa zum Zeitpunkt des Assessorexamens erreicht ...“ Tja, und manche werden Rechtsanwalt, die dann diesen Sprachgebrauch nach „unten“ praktizieren. Eine Ausnahme sei das? Sicher.

Beispiel 5: „Verwundert“ war der PR-Redakteur, der für seine Arbeit kein Honorar erhielt. Und für Sprachbewußte: „pflegen“ kann man seine Kleidung, den Teppichboden, die Zähne, ... – aber „pflegt für Interviews kein Entgelt zu entrichten“?

Beispiel 6: Denken kann man sich vieles, alles, auch das Unmögliche – aber unbedingt schwarz auf weiß gegenüber dem Geschäftspartner? Wie so etwas ausgehen kann, erfuhr ein Parkplatzwächter: Er wurde vom Amtsgericht verwarnt, weil er einen Handzettel fertigte und ihn den Betroffenen an die Windschutzscheibe heftete. Hier der Text: „Baldigen Getriebeschaden – um 22 Uhr auf der Autobahn! Denn durch Ihre idiotische, rücksichtslose und stümperhafte Parkweise beanspruchen Sie den Platz, der sonst für 20 Esel (Sie eingeschlossen), eine Ziege, zwei Elefanten und einen Trupp Liliputaner ausreichend ist.“

6.6 Tips für Psychologisch richtiges Formulieren

Beantworten Sie bitte zwei Fragen:

Woran ist Ihr Geschäftspartner am meisten interessiert?
Was können wir/was kann ich für ihn tun?

Wenn Sie beide Fragen im Brief beantworten, formulieren Sie psychologisch richtig. Woran ist er interessiert? An Ergebnissen, Lösungen, Vorteilen – was sonst? Was können Sie für ihn tun? Helfen, bitten, etwas erledigen, rasch liefern, kulant etwas regeln, Vertrauen rechtfertigen.

6.7
Exkurs: Psychologie am Telefon

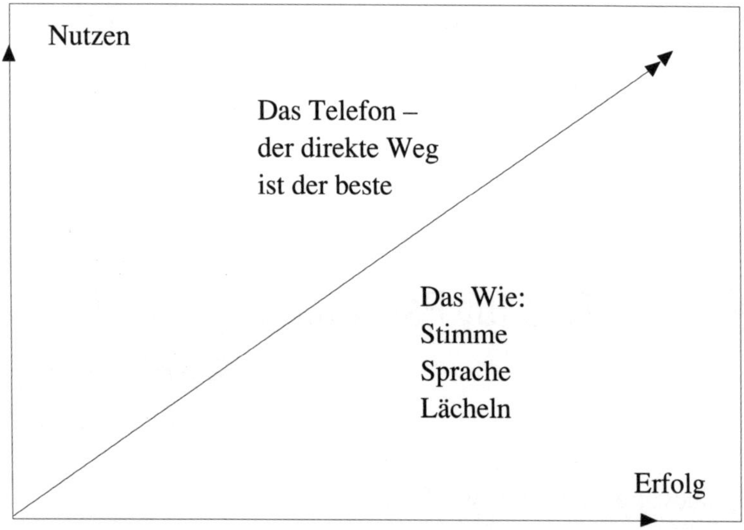

Telefontest

Wie telefonieren Sie?

- ☐ aufrechte Sitzhaltung
- ☐ im Stehen
- ☐ Sie lächeln

Womit überzeugen Sie am Telefon?

- ☐ Stimme
- ☐ Sprache
- ☐ Informationswert

Wie sprechen Sie?

- ☐ freundlich
- ☐ öfter die Stimme senkend
- ☐ warm/unterstreichend

Während Sie telefonieren

- ☐ Praktizieren Sie die Sie-Ansprache?
- ☐ Sagen Sie Wichtiges (Daten/Zahlen) langsam und deutlich?
- ☐ Stellen Sie Fragen?

Gestalten Sie Ihr Telefonat als

- ☐ geistiges Ping-Pong,
- ☐ Monolog,
- ☐ Dialog (Dialog = sprich: nicht länger als ein Streichholz brennt)?

Lösung:

Wie telefonieren Sie: aufrecht/lächelnd
Womit überzeugen Sie am Telefon: alle drei
Wie sprechen Sie: alle drei
Während Sie telefonieren: alle drei
Gestalten Sie Ihr Telefonat als: geistiges Ping-Pong/Dialog

Was wollen wir am Telefon erreichen? Andere überraschen, anregen, aufregen, informieren, motivieren und von uns und unserem Angebot überzeugen. Wenn der Kunde am anderen Ende der Leitung „vielleicht" sagt oder „will mir's noch überlegen", dann waren wir schlecht. Wenn man uns aber versteht, glaubt und danach handelt, dann waren wir gut. Ich habe erlebt, wie Teilnehmer, mit denen man prima sprechen kann, sich plötzlich verstellen, wenn sie telefonieren. Da wird der sprachliche Salto probiert, Kniefälle gemacht oder einfach Kreide gefressen. Die Sprache – gerade am Telefon – ist nicht Gott, sondern Knecht. Andere wiederum tun des Guten zuviel. Der Angerufene wird mit sprachlosem Wortschwall eingedeckt, mit „Denkste!" – und „Sehn Sie mal!" – Formulierungen zur Weißglut gebracht. Er wird auf die sprichwörtliche Palme gebracht, sitzt er dort, versucht man, ihn noch höher zu hieven. Vergebens. Schon Luther erkannte: „Wes des Herz voll ist, des läuft der Mund über". Aber es ist uns Verstand gegeben, unsere Zunge zu kontrollieren. Es sind schon mehr Leute über ihre Zunge als über ihre Beine gestolpert. Man hat doch soviel zu sagen? Nein, das Vielzusagen ist einerseits ein Jugendübel, andererseits eine Alterserscheinung. Sag, was zur Sache gehört. Und nur das.

Der Geübte telefoniert ohne Floskeln, läßt keine Triumphblitze einschlagen, bringt nicht den Speichel zum Tropfen, statt dessen schafft er am Telefon Atmosphäre. Zum Beispiel Ansprechen des Angerufenen mit Namen – mehrmals. Der Kunde weiß doch, wie er heißt? Gegenfrage: Was hören Sie lieber als Ihren Namen? Während des Sprechens lächeln – das kommt „rüber". Weniger „ich", „wir", „uns", mehr Sie: Sie entscheiden; sind Sie damit einverstanden? Ihr Vorteil, Ihr Nutzen, Ihr Gewinn; schlage Ihnen vor, … – und immer Ergebnisse bringen. Nie von Problemen am Telefon sprechen, da landen Sie unweigerlich im

Chaos. Und Ihr Gespräch ist im Eimer. Denn Probleme hat der Kunde selbst genug, er will keine neuen Probleme, er will Lösungen, Vorschläge, Resultate. Ein freundliches Miteinanderumgehen am Telefon, freundlich sein (nicht: höflich). Und stimmt die Atmosphäre, dann stimmen auch Sprache, Stimme, Ihr Erfolg – alles.

Als Ambrose Bierce das Telefon als eine Erfindung des Teufels bezeichnete, die einige von den Vorteilen zunichte macht, einen lästigen Menschen auf Distanz zu halten, da meinte er nicht den Profi am Telefon. Eher den, der von der Telefonitis befallen ist. Telefonitis ist eine krankhafte Störung, die den an ihr Leidenden außerstande setzt, den Mund zu halten, wenn man selber reden will. Als Profi am Telefon wissen Sie, wie man eine Sache regelt, wie man zu einem Verkaufsgespräch kommt oder einen Termin vereinbart: anrufen – der Rest ist Können. Dabei so telefonieren, wie es die Deutsche Bundespost in allen Telefonzellen empfiehlt: Fasse Dich kurz! Sagen wir's so: Denk ans 5. Gebot – schlag die Zeit des anderen nicht tot!

Worauf kommt es an?

Versteht uns der andere, oder reden wir zu schnell?
Sprechen wir deutlich und betont?
Wollen wir belehren oder erklären und fragen?
Entschuldigen wir uns für die Störung, oder haben wir nichts zu bieten, was unseren Anruf rechtfertigt?
Hören wir dem anderen zu und agieren auf seine Aussagen, oder bringen wir unsere „Botschaft“ nur rasch an den Mann/die Frau?
Vergessen wir das Ziel unseres Telefonats, weil wir uns mit Einzelheiten aufhalten?

Wir lächeln nicht ins Telefon, obwohl wir wissen, nur das schafft uns die gewünschte Atmosphäre – wer hindert uns daran?
Testen Sie sich oder lassen Sie sich testen. Die folgenden Kriterien sind entscheidend für Ihren Erfolg am Telefon.

Check up Telefon:

Sprechtempo	schnell	langsam	angenehm
Lautstärke	laut	leise	angenehm
Gelächelt	ja	nein	teils/teils
Aufrecht gesessen	ja	nein	teils/teils
Deutlich gesprochen	deutlich	undeutlich	angenehm
Stimmodulation (laut und leise)	ja	nein	teils/teils
Flott gesprochen	ja	nein	ausgewogen
Sympathisch	ja	nein	neutral
Nervenkostüm	nervös	ruhig	ausgeglichen
Aussagen	klar	unklar	teils/teils
Betonungen	betont	monoton	teils/teils

Meiden Sie Negativa:
- monotone Sprechweise
- „reizende" Wörter wie bedauerlich, schwierig, müssen, ärgerlich, nämlich, sehr teuer, …
- Fachsprache
- geräuschvoll atmen
- rauchen, kauen, essen
- gekünstelt
- aggressiv
- Ich-Bezogenheit
- zu lange Sätze
- geschäftsmäßiger Tonfall

lässige Wortwahl
zuviel Aussagen
Bürokratenwörter
den anderen nicht zu Wort kommen lassen

Ihre Stimme ist das wichtigste Ihrer Verkaufsinstrumente am Telefon. Bereits in der Antike wurde der Satz geprägt: „Sprich – damit ich dich sehe!"

Tips

Konsequent Sie-Standpunkt anwenden
Name des Gesprächspartners mehr als einmal nennen
Gesprächspausen einlegen
Wichtiges langsam und deutlich sagen
Bestätigungswörter wie hm, ja, fein, gut, …
Fragen stellen
Den anderen anerkennen/loben (sparsam)
Lösungen/Ergebnisse für den anderen anbieten
Interesse wecken durch einen kundenorientierten Aufhänger (Vorteil/Nutzen/Gewinn für den Kunden)
Den Gesprächspartner aufwerten: „Spreche ich mit Frau X. persönlich?"
Mut zur Pause (!)
Konzentrieren Sie sich auf das Jetzt-Gespräch
Zeigen Sie dem Kunden Ihre Sympathie
Mut zum laut-leise-laut-leise-Sprechen
Bereiten Sie sich gut vor – und Sie gewinnen (!)
Sprechen Sie von Mensch zu Mensch
Versuchen Sie nie, den Kunden vom Gegenteil überzeugen zu wollen

Begründen Sie gegenüber dem Kunden, weshalb ein Gespräch für ihn sinnvoll ist

Die Motive des Kunden sind immer dieselben: Lösungen, Sicherheit, Gewinn, Nutzen, Vorteile – sonst nichts!

Aufgabe: Wie erreichen Sie in 30 Sekunden einen Gesprächstermin? Nennen Sie Ihre Vorgehensweise Schritt für Schritt:

1. ________________________________
2. ________________________________
3. ________________________________
4. ________________________________
5. ________________________________
6. ________________________________
7. ________________________________

Weshalb sieben Schritte? Sie sind nötig, um das Ziel zu erreichen. Angenommen, Sie sind Verkäufer oder Außendienstmitarbeiter und wollen bei einem Kunden einen Termin vereinbaren, weil Sie am Telefon keine Unterschrift bekommen. Oder der Kunde ist Ihnen unbekannt, Sie benötigen aber einen Gesprächstermin, um zu einem Auftrag zu kommen. Versuchen wir's gemeinsam:

1. Schritt: Freundlich begrüßen
   – wer bin ich?
   – von welchem Unternehmen?
   – Gesprächspartner erwidert Gruß –
2. Schritt: Richtiger Gesprächspartner? Bei „Nein“ fragen, wo und wann zu erreichen?
3. Schritt: Mein Anliegen interessant umschreiben, „umschrei-

ben“ – nicht sagen, sonst erübrigt sich Ihr Gespräch beim Kunden

4. Schritt: Neugier wecken

5. Schritt: Vorteile/Nutzen des Gesprächs mit mir aufzeigen

6. Schritt: Alternativtermin nennen
Achtung: Schritt 3 bis 6 ohne Unterbrechung
(Kunde sagt „Nein“ zum Alternativtermin? Einwandbeantwortung mit Alternativtermin wiederholen)

7. Schritt: (Kunde sagt „Ja“ zum Alternativtermin) Termin wiederholen und freundlich verabschieden, dabei die Freude auf das Gespräch zum Ausdruck bringen

Aufgabe: Formulieren Sie Ihre 7-Schritte-Terminvereinbarung

____

____

____

____

____

____

____

Vorschlag:

1. Schritt: Guten Tag/Grüß Gott.
Mein Name ist Leuk, Hans Leuk. Ich bin Mitarbeiter des …-Konzerns.

2. Schritt: Spreche ich mit Frau Kröll, Frau Käthe Kröll
(bei nein: wo und wann kann ich Frau Kröll erreichen?)
(bei ja:)

3. Schritt: Frau Kröll, ich rufe Sie an wegen …

4. Schritt: Damit Sie keine Termine versäumen/damit Sie alle Vorteile wahrnehmen können/ ...

5. Schritt: ich zeige Ihnen, wie Sie dadurch profitieren können. Deshalb schlage ich vor, wir besprechen alles gemeinsam in einem persönlichen Gespräch.

6. Schritt: Paßt es Ihnen am Dienstag oder besser am Mittwoch? (Haben Sie den Tag, bekommen Sie auch die Uhrzeit) 17 Uhr oder 19 Uhr?

   Ein Kunde bringt einen Einwand? Einwand auffangen: Da haben Sie recht. Aber erst in einem persönlichen Gespräch können Sie Ihre Möglichkeiten kennenlernen, damit Sie sicher sind, keine Vorteile zu verschenken (und nun gleich den Alternativtermin hinterherschicken). Paßt es Ihnen am Dienstag oder besser am Mittwoch?

7. Schritt: (Kunde nennt Ihnen Termin:)

   Ich habe den Termin am ... um ... Uhr notiert. Einen schönen Tag noch – auf Wiederhören.

   „Stricken" Sie dieses Muster auf Ihr Unternehmen zurecht – und Sie werden rasch Ihren Terminkalender füllen.

7

Stilistik

7.1

Stilistik im Geschäftsbrief

Eine gute Stilistin sind Sie, wenn Sie sprachliche Ausdrucksformen beherrschen. Dann kommen die Formulierungen, wie sie in der Situation gebraucht werden. Dazu gehört Denken. Denn wer stilistisch „in" ist, trainiert immer wieder aufs neue sein Denken. Vom guten zum wirkungsvollen Stil ist es nur ein Schritt. Woran erkennen Sie die gute Stilistin? Antwort: am richtigen Gebrauch des Genitiv (2. Fall/Wes-Fall), des Konjunktiv II (Möglichkeitsform des Irrealen) und Einsetzen des Semikolons. Hinzu kommt eine aktive (nicht: passive) Ausdrucksweise, „ansprechende" persönliche Formulierungen, öfter mal ein „bitte" und „danke", vor allem aber mehr aktive Verben (Tätigkeitswörter), Sätze mit Doppelpunkt und Fragezeichen, kaum Superlative und einfacher Satzbau. Das kann nicht alles sein? Stimmt. Der Empfänger Ihres Schreibens sollte positiv stimuliert, motiviert werden. Deshalb keine Negativwörter oder -formulierungen. Welche? Zum Beispiel Killerphrasen (Sie können wohl nicht rechnen), „Stacheldrahtwörter“ (nämlich, ärgerlich, müssen absurd, reklamieren) oder Blockadewörter, die Ihre Kommunikation beeinträchtigen (kosten, schlecht, bezahlen, schwierig, unterlassen Sie, Verlust, verpflichtet Sie). In Abwandlung eines Sprichworts von Cato (rem tene, verba sequentur) kann man es so sagen: Beherrschen Sie Ihre Aufgabe, dann folgen die Worte von allein. Wenn Sie stilistisch gut „drauf“ sind, kennen Sie sicher Goethes Aphorismus: „Aller Anfang ist leicht, und die letzten Stufen werden am seltensten erstiegen.“ Weshalb eigentlich? Wie Sie die letzten Stufen bravourös meistern, können Sie auf den nächsten Seiten nachlesen. Und anwenden. Eine vollständige Stillehre will und kann dieses Buch nicht sein. Sie wollen es aber genau wissen? Dann legen Sie sich Ludwig Reiners „Stilfibel“ zu. Einverstanden?

Ein kleiner Test: Entscheiden Sie sich für A oder B?

A	B
an was	woran
auf was	worauf
bei dem	wobei
bei der	wobei
diesbezüglich	wegen/deshalb/deswegen
dürfen wir Sie …	bitte
für was	wofür
gegen was	wogegen
in was	worin
Überprüfung	prüfen/Prüfung
um was	worum

Sie haben sich für die B-Version entschieden? Klasse! Erst kommen die Wörter, dann die Sätze. Der Teufel steckt eben in der Stilistik im Detail. Holen wir ihn da heraus.

7.2 Einfach schreiben ist am schwierigsten

Friedrich der Große haßte lange Schreiben, entsprechend seine Antworten:

„Er schreibt dem Teufel ein Ohr ab. Er soll nicht schreiben, wenn es der Mühe nicht wert ist … Ich werde ihm kein Geld für weitere Schreiben schicken, denn Er schreibt sich die Finger ab. Er soll schreiben, was nötig ist, und nicht soviel unnützes Zeug, mit dem Er mich behelligt."

Bayerns Herzog Maximilian ärgerte sich so über die Weitschweifigkeit und Gestelztheit der meisten Schriftstücke, daß er bissige Komentare an den Rand schrieb:

„Es ist zum Erbarmen, daß so wenig Hirn in so dicken Köpfen … Man muß nit zweimal schreiben, was zu rechter Zeit auf einmal geschehen kann …"

7.3 Korrespondenzregeln für Bürokraten

Wer versucht, einem Bürokraten einen guten Briefstil beizubringen, scheitert fast immer. Denn die Wurzel des Übels ist darin zu suchen, daß der Bürokrat nicht zwischen gut und schlecht unterscheiden kann. Vielleicht führen die folgenden Korrespondenzregeln eher zum Ziel. Der Bürokrat muß sich nur merken: alle vermeiden.

1. Benutze nie einfache Zeitwörter. Es heißt nicht „sein“, sondern „sich befinden“, nicht „haben“, sondern „über etwas verfügen“, nicht „können“, sondern „sich in der Lage sehen“.

2. Ersetze die echten Zeitwörter durch Hauptwörter, die du mit einem schwachen allgemeinen Zeitwort verbindest. Es ist ganz ungebildet zu sagen: „Die Station wird morgen aufgestellt.“ Es muß heißen: „Die Aufstellung der Station erfolgt morgen.“

3. Bringe möglichst viele Hauptwörter auf -ung, -heit, -keit in Anwendung. Der Stil gewinnt dadurch erst Farbe und ist dem Verständnis nicht so plump ausgesetzt. Beispiel: Am Anfang erfolgte seitens Gottes die Erschaffung des Himmels und der Erde.

4. Setze statt kurzer, konkreter Hauptwörter möglichst lange und abstrakte. Schreibe nicht: „Das Gelände ist nicht be-

gehbar“, sondern „die Geländeverhältnisse lassen eine Begehung nicht zu.“

5. Verhältniswörter sind zu verlängern! Statt „nach Vorschrift“ schreibe „nach Maßgabe der Vorschrift, statt „mit“ schreibe „unter Zuhilfenahme.“

6. Vornehme Länge und Unentschiedenheit erreicht man durch verneinende Ausdrucksweise. Sage nicht einfach „der Schaden ist groß“, sondern „mit der Entstehung eines nicht unerheblichen Schadens dürfte zu rechnen sein.“

7. Für eine ausreichende und vollständige Klarheit ist das Wort „beziehungsweise“ unentbehrlich. Wir haben die Bahnmeisterei beziehungsweise die Straßenverwaltung am 2. Juni beziehungswiese am 5. Juni angeschrieben.

8. Sorge dafür, daß alle alt überlieferten Kanzleiausdrücke beibehalten werden. Diesbezügliche Bemühungen beziehungsweise Anstrengungen sind dortseits streng zu unterbinden.

9. Stelle möglichst kein Hauptwort nackt hin, sondern füge immer ein Beiwort hinzu. Die gemachten Erfahrungen, die getroffenen Feststellungen, zur gefälligen Bedienung, nach erfolgter Unterschrift.

10. Baue möglichst lange Sätze und schicke jedem Satz einen Vorreiter voraus. Bevor wir dazu Stellung nehmen, möchten wir, ohne uns in Einzelheiten verlieren zu wollen, nicht auf die Feststellung verzichten, daß …

11. Lasse den Satzgegenstand erst nach längerer Einleitung auftreten und bewahre das Zeitwort bis zum Schluß auf.

Die in die Rückstellungen für Strompreis- und Rabattdifferenzen mit Abnehmern einzustellenden Beträge – nur soweit sie die Forderungen abdecken – müssen außer dem zu Lasten der Stromeinnahmen gebuchten Nettodifferenzbetrag auch die darauf entfallende Mehrwertsteuer beinhalten.

12. Setze jeden Satz möglichst ins Passiv. Mit dem Stadtratsbeschluß wurde sich einverstanden erklärt.

13. Formuliere alles recht ausführlich. Es ist oberflächlich zu sagen: „Wir überweisen Ihnen 100 Mark." Richtig: „Wir werden veranlassen, Ihnen einen Betrag von 100 DM zu überweisen. Viel zu kurz ist auch die Aussage: „Alle Mann an Deck!" Der folgende Satz hört sich viel besser an: „Die unter Deck befindlichen Fahrgäste – einschließlich des Personals – haben sich mit sofortiger Wirkung an Deck zu begeben."

14. Beginne jeden Brief mit: „Wir nehmen Bezug auf Ihr o. g. Schreiben." Oder: „Wir nehmen Bezug auf Ihr o. g. Schreiben und teilen Ihnen mit, daß wir von dem Inhalt desselben Kenntnis genommen haben."

Quelle: Süddeutsche Zeitung

7.4 Sag es kurz und direkt

Kommunikation ist ein schweres Geschäft. Viel hängt davon ab, ob man den angepeilten Empfänger richtig anspricht; theoretisch eine Selbstverständlichkeit, gegen die in der Praxis gleichwohl ständig verstoßen wird. Somit dürften die folgenden acht „Regeln für Beiträge zum Textilbericht" ein allgemeines Kommunikationsproblem widerspiegeln. Der „Textilbericht" ist das Zentrale Mitteilungsblatt der Verbandsorganisation der Textilindustrie.

1. Sag es mit einfachen Worten: dazu gehört auch das Vermeiden von entbehrlichen Fach- und Fremdwörtern oder nicht erklärten Abkürzungen.

2. Sag es kurz: je kürzer ein Beitrag ist, um so mehr Aussicht hat er, von vielen gelesen zu werden.

3. Sag nur was zu einem einzigen Thema: klare Abgrenzung hilft, die Fülle des Stoffes in den Griff zu bekommen, Sonderprobleme ausgliedern, aus einem langen Text lieber zwei oder mehrere kürzere machen.

4. Sag es öfter: ein Thema wird besser und schneller bekannt, wenn öfter darüber berichtet wird, als wenn es nur einmal erschöpfend und unter gleichzeitigem Abwägen aller Gesichtspunkte in einer umfassenden Abhandlung angeboten wird.

5. Sag, was daraus wurde: ein einmal im Textilbericht aufge-

griffenes Thema sollte weiterverfolgt und zu gegebener Zeit abschließend behandelt werden.

6. Sag das Wichtigste zuerst: schon der erste Satz oder der erste Absatz muß den Kern der beabsichtigten Mitteilung enthalten, so daß der Leser danach im wesentlichen bereits unterrichtet ist. Er mag dann selbst entscheiden, ob er weiterlesen will oder nicht. Am Anfang sollte keine Einleitung – und schon gar keine historische – stehen, sondern die „Botschaft“ selbst.

7. Sag es ohne Beilagen: was mitteilenswert ist, soll im Textilbericht stehen, nicht liegen.

8. Sag es direkt: man kann es so sagen: Da der Feuchtigkeitsgehalt der Luft den temperaturspezifischen Sättigungspunkt überschritt, kam es zur naturgesetzlich unvermeidlichen Reaktion. Oder so: „Es regnete.“

(Diese acht Regeln entstanden aus der Redigiererfahrung.)

Quelle: Süddeutsche Zeitung

7.5 Stilistik Pro und Contra

Man gebrauche gewöhnliche Worte und sage ungewöhnliche Dinge

A. Schopenhauer

Pro	Contra
Aktivstil (Tatform)	Akü-Sprache
korrekte Apposition	Bandwurmsätze
bildhaft/anschaulich	Hauptwörterei (Substantivitis)
„bitte“ + „danke“	Ichwiritis
Doppelpunkt	Kanzleistil
einfacher Satzbau	Modischer Schnickschnack
Fasse Dich kurz!	Mottenfiffis (Wörter vom Sperrmüll)
Punkt (nach spätestens 12–20 Wörtern)	Negativformulierungen
Semikolon	Phrasen
„Sie“-/„Ihr“-Stil	Superlative/Elative
Verben, Verben, Verben	unsinnige Vor-/Nachsilben
	„würde“ (Konjunktivitis)

Fazit: Kurz, aber prägnant. So knapp wie möglich, aber so ausführlich wie nötig.

7.6 Stilistik auf einen Blick

Erklärung: N negativ, schlechter Stil
X grammatisch oft Glückssache
P positiv, sehr guter Stil

N falsche Abkürzungen
P Aktivstil, direkt, klarer Ausdrück, viele Verben
N Amerikanismen/Anglizismen
P Apostroph dort, wo er hingehört (sonst „Pedantenhäkchen“)
P korrekte Apposition
X verschiedene Artikel (Substantive)
N häufiger Gebrauch des Ausrufezeichens
X C, K oder Z (Centrum, Code, Circus)
N Auslassungs- und Dativ-E
P Doppelpunkt
P ein Wort statt zwei (z. B. von was = wovon, …)
X F oder Ph? (Telefon/Telephon, Foto, Photo, …)
N Fremdwörter (aber nur wirklich fremde Wörter, z. B. implizit …)
P korrekter Genitiv
X Getrenntschreibung
X Großschreibung
X korrekter Imperativ
X Kleinschreibung
P Kongruenz
N Modewörter (z. B. optimal, problematisieren, echt, …)
N Negativwörter (nämlich, unterlassen Sie, ärgerlich, …)
N Nominalstil (Substantivitis)
X Orthographie
N unsinnige Partizipien
N Passiv
N Pleonasmen
X korrekter Plural bei Substantiven
X korrekte Präpositionen
N Reizwörter (reklamieren, absurd, würde, …)
P Semikolon
X korrekte Silbentrennung

N Superlative
N Tautologien
N -ung-Wörterei
P Verben
N unsinnige/überflüssige Vorsilben (an-, ab-, auf-, ...)
X Zahlen und Ziffern
X Zeichensetzung (Interpunktion)
X Zusammenschreibung

7.7 Stilistik mal 4

Ihr Text hat 4 Funktionen:	informieren
	Anweisungen geben
	Richtlinien geben
	motivieren
Die 4 Stilregeln:	aktiv
	anschaulich
	bildhaft
	durchschaubar
Die 4 Stilkomponenten:	wirksame Argumentation
	Psychologie
	klarer Ausdruck
	treffende Wortwahl
Die 4 Stilformeln:	Verständlichkeit
	Fasse-Dich-kurz-Index

	mittlere Wortlänge mittlere Satzlänge
Die 4 Säulen der Verständlichkeit:	Verben einfache Wörter linearer Satzbau optische Gestaltung
Die 4 Dimensionen der Verständlichkeit:	Einfachheit Gliederung Kürze Stimulanz
Texten – wie? So:	direktes Ansprechen aktiv formulieren kurze Sätze mehr Hauptsätze möglichst wenig Fachbegriffe Fremdwörter Jein sicherer Stil klare Aussagen positive Aufforderungs-/Wunschform freundliche Formulierungen geringer Textumfang deutlicher Aufbau

Unternehmensphilosophie vorhanden? Zum Beispiel: Wir sind für Sie da! – Darauf „abheben“.

7.8 Pro und Contra machen/tun

Im Deutschen gibt es wohl kaum andere Wörter, deren Bedeutung für die mündliche und schriftliche Kommunikation so umstritten sind wie machen und tun. Gar nicht zu reden von den Argumenten, die Deutschlehrer und die Stilistik gegen ihre Verwendung vorbringen. Immer wieder wird der sprachliche Wert in Frage gestellt. Weshalb eigentlich? Sprache l e b t ! Das Verwenden von machen und tun kann nicht auf falsch oder richtig reduziert werden, eher scheint es ein Merkmal unserer Sprachentwicklung zu sein. Beweise? Hier zwei der schlagendsten:

Mach mal Pause …
Mach's noch einmal, Sam …

Finden Sie bitte einen besseren/treffenderen Ausdruck für machen: ______________________________

Was ist zu **tun?** … sagen und **tun** ist zweierlei … das **tut** nichts zur Sache … den/einen Anfang **machen** … was man auch **tut**, man **macht's** falsch … das können Sie **tun** oder auch lassen … einen Versuch **machen** … da muß etwas **getan** werden … das ist für Sie wie **gemacht** … sie wird ihr Bestes **tun** … diesen Anspruch geltend **machen** … wir können nichts Besseres **tun** … den Vertrag rückgängig **machen** … wir wollen nicht des Guten zuviel **tun** … wie kann man das nur klar und begreiflich **machen** … das **tut** uns leid … werden wir Sie für die Verzögerung verantwortlich **machen** … haben alle Hände voll zu **tun**

… Sie **täten** besser daran … wer will schon etwas mit Behörden zu **tun** haben … wir wollen damit nichts zu **tun** haben … können nicht so **tun**, als ob … es **tut** sich etwas … das **macht** sicher Eindruck … die Namen unkenntlich **machen** … das **macht** zusammen … was wollen Sie damit **machen** … bitte keine Vorwürfe **machen** …

Haben Sie bessere/treffendere Ausdrücke für machen/tun finden können? Wohl kaum. Werfen Sie deshalb machen/tun nicht auf den Sperrmüll.

Vorschlag Pro und Contra **machen/tun**: Wenn machen und tun im Satz „passen", dann suchen Sie nicht krampfhaft nach Ersatzwörtern.

Hier noch eine Leseprobe aus dem Streiflicht der Süddeutschen Zeitung (das Streiflicht schreiben stilistische Könner!): „… besonders viel Mühe **machten** sich die Legendenzerstörer mit der Behauptung … will glauben oder **tut** dem Brauchtum zuliebe wenigstens so …"

Angemerkt: In jeder zweiten Spiegel-Ausgabe finden Sie: „… das **macht** keinen Sinn …" Das ist falsch. „Sinn" kann nur etwas haben, nicht **machen**. Ob Sinn **machen** sich durchsetzt?

7.9 Übungsaufgabe

Bitte bringen Sie dieses (Original-)Schreiben stilistisch und psychologisch „in Form".

Sehr geehrte Frau Grätz,

Herr Sch…, Mitglied unserer Geschäftsleitung, hat uns beauftragt, Ihren Brief zu beantworten.

Zum Zeitpunkt Ihrer Bestellung war das von Ihnen ausgesuchte Hauszelt vergriffen. Leider aber läßt sich nicht mehr mit Sicherheit sagen, ob der Versand versäumte, Sie zu benachrichtigen, oder ob die Mitteilung auf dem Wege zu Ihnen verloren ging. Wir bedauern diese Panne und bitten um Entschuldigung. Unser Lagerbestand ändert sich täglich und wir hatten zwischenzeitlich wieder eine kleine Anzahl Zelte vorrätig, die aber inzwischen restlos ausverkauft sind. In der Fundgrube handelt es sich ja in der Regel um besonders preisgünstige Angebote, die oftmals nur noch in begrenzter Zahl vorrätig sind. Die Nachfrage aber war saisonbedingt groß und wir konnten leider nicht mehr alle vorliegenden Bestellungen ausführen.

Ihre Reklamation hat Ihnen sicher Ärger und Mühe gebracht. Um Ihren berechtigten Ärger zu mildern, schreiben wir Ihnen zusätzlich 15,00 DM als Entschädigung gut. Ihr Einkaufskonto weist dadurch ein Guthaben auf, das wir bei Ihrer nächsten Bestellung gerne verrechnen. Es würde uns freuen, wenn wir Ihr Vertrauen wieder herstellen könnten. Unser wichtigstes Ziel ist es ja, daß Sie Freude an Ihrem bequemen und vorteilhaften Einkaufskonto haben.

Mit freundlichen Grüßen
I. A. der Geschäftsleitung

Alternative:

Sehr geehrte Frau Grätz,

vielen Dank für Ihr Schreiben vom …

Sonderangebote aus der Fundgrube sind nur in begrenzter Anzahl vorhanden. Ihr Auftrag erreichte uns leider zu spät. Können wir in dieser Situation mit Ihrem Verständnis rechnen?

Wir haben Ihrem Einkaufskonto 15 Mark gutgeschrieben. Damit möchten wir zeigen, wie sehr uns an Ihrer Zufriedenheit gelegen ist.

Bitte schenken Sie uns auch weiterhin Ihr Vertrauen und geben Sie uns die Gelegenheit, Ihre Einkaufswünsche zu erfüllen.

Mit freundlichen Grüßen

7.10 Übung: Fremdwörter

Das beste Deutsch könnte aus lauter Fremdwörtern zusammengesetzt sein, weil nämlich der Sprache nichts gleichgültiger sein kann als das Material, aus dem sie schafft.

Karl Kraus

Fremdwortgegner sind meist Leute, denen irgendwelche Trauben zu hoch hängen …

Adorno

Fremd ist ein Wort doch nur, solange man seine Bedeutung nicht kennt … (?)

Wer gegen Fremdwörter oder den Gebrauch von Fremdwörtern ist, sollte seinen Standpunkt mal kritisch prüfen. Wollte man die deutsche Sprache von ihren Eindringlingen „befreien", bliebe nicht viel von ihr übrig. Fremdwörter sind unentbehrlich, weil sich mit ihnen feinste Bedeutungsunterschiede wiedergeben lassen. Mit Vorurteilen ist dem Fremdwortproblem nicht beizukommen. Sie sind anderer Meinung? Dann nennen Sie bitte das entsprechende deutsche Wort für das Fremdwort:

absolut ______________________

absolvieren ______________________

brillieren ______________________

Brisanz ______________________

Chance ______________________

chic/Chic ______________________

Diskretion ______________________
dynamisch ______________________
eminent ______________________
enorm ______________________
figurieren ______________________
fungieren ______________________
garantieren ______________________
grandios ______________________
hermetisch ______________________
humanitär ______________________
imponieren ______________________
inklusive ______________________
justieren ______________________
Juwel ______________________
Kaffee ______________________
Konfession ______________________
lapidar ______________________
lukrativ ______________________
militant ______________________
Minimum ______________________
nebulös ______________________
negieren ______________________
Omnibus ______________________
original ______________________
passabel ______________________
praktizieren ______________________
Quantität ______________________
Qualität ______________________
rational ______________________
revidieren ______________________
stenografieren ______________________
synchron ______________________

Telefon	______________________
Text	______________________
typisch	______________________
Ultimo	______________________
uni	______________________
Universität	______________________
utopisch	______________________
Vokabel	______________________
Volontär	______________________
Volumen	______________________
Zensur	______________________
Zertifikat	______________________
zynisch	______________________

Lösung Fremdwörter:

absolut	völlig
absolvieren	vollenden/ausführen
brillieren	glänzen
Brisanz	Sprengkraft
Chance	Möglichkeit
chic/Chic	geschmackvoll/Schick
Diskretion	Verschwiegenheit
dynamisch	tatkräftig
eminent	hervorragend
enorm	riesig
figurieren	darstellen
fungieren	wirken
garantieren	gewähren/gewährleisten
grandios	großartig
hermetisch	luft- und wasserdicht
humanitär	wohltätig
imponieren	beeindrucken

inklusiv/e	einschließlich/mit
justieren	einstellen
Juwel	Edelstein/Schmuckstück
Kaffee	Kaffee (!)
Konfession	Glaubensrichtung
lapidar	kurzerhand
lukrativ	gewinnbringend
militant	kämpferisch
Minimum	das Geringste/Mindeste
nebulös	geheimnisvoll
negieren	verneinen
Omnibus	Wagen für alle
original	ursprünglich
passabel	erträglich
praktizieren	in die Praxis umsetzen
Quantität	Menge
Qualität	Gütezustand
rational	vernünftig
revidieren	ändern
stenografieren	in Stenografie/Kurzschrift schreiben
synchron	gleichlaufend/gleichzeitig erfolgend
Telefon	Fernsprecher
Text	Gewebe/Geflecht (Wortlaut des Geschriebenen)
typisch	bezeichnend
Ultimo	Monatsletzter/Letzter des Monats
uni	einfarbig
Universität	(wissenschaftliche) Hochschule
utopisch	unerfüllbar/unerreichbar
Vokabel	Wort (Einzelwort)
Volontär	„Freiwilliger“
Volumen	Rauminhalt

Zensur	behördl. Prüfung/Bewertung einer Leistung
Zertifikat	Bescheinigung
zynisch	höhnisch

7.11 Fachsprache

Was haben die Wörter Cash-flow, Transversale, Point of sale und Byte gemeinsam? Es sind Wörter aus verschiedenen Fachsprachen. Um Sie nicht zu lange auf die Folter zu spannen, hier die Übersetzungen:

Cash-flow – der Cash-flow eines Unternehmens setzt sich zusammen aus dem Jahresüberschuß, den Zuführungen an Rücklagen und Rückstellungen sowie den verdienten Abschreibungen.

Transversale – beim Roulett der Schnittpunkt einer der Querlinien mit einer Seitenlinie. Wenn beispielsweise eine der sechs Nummern zu beiden Seiten der Querlinie gewinnt, wird der fünffache Einsatz ausgezahlt.

Point of sale – aus der Verkaufsförderung, bezeichnet den Ort des Verkaufs. Das kann eine Messe, Ausstellung, der Markt, das Geschäft oder direkt beim Kunden sein.

Byte – Computersprache, Byte ist eine aus acht Bits und einem Prüfbit gebildete, direkt adressierbare Speicherstelle. In einem

Byte kann jeweils eines von 256 möglichen alphanumerischen Zeichen in binär (aus zwei Einheiten bestehend, z. B. Dualsystem 0 und 1) verschlüsselter Form dargestellt werden.

Während unser Sprachschatz bei 20 000 bis 30 000 Wörtern die Schallmauer erreicht, zählen die Fachsprachenwörter nach Millionen. Wie ist bei Fachwörtergebrauch eine Kommunikation möglich? Zwischen Laien und Fachmann: keine; zwischen Fachmann und Fachmann stellt sich diese Frage nicht. Wie gut kennen Sie sich in Fachsprachen aus? Bitte ordnen Sie die Wörter einer Fachsprache zu; wenn Sie das deutsche Wort dafür wissen, um so besser:

deduktiv	Alliteration	body text
deskriptiv	Anapher	Item
explizit	Chiasmus	CI/CD
expressis verbis	Euphemismus	heavy users
implizit	Klimax	Product-range
induktiv	Litotes	Appeal
kognitiv	Metonymie	Copy test
curriculum	Pars pro toto	front cover
reaktiv	Sentenz	motivation reasearch
komplex	Zeugma	sales promotion

Das sei zu einfach, meinen Sie? Steigern wir die Schwierigkeitsstufe. Wie wär's damit?

CAD	Os frontale	Abstraktum
CAE	Tuber frontale	Asyndeton
CAM	Ala major	Axiom
Chip	Os lacrimale	Exegese
Cobol	Processus frontalis	Exonym

Compiler	Os nasale	Flexion
CPU	Os zygomaticum	Homonym
Cursor	Apertura piriformis	Hyperbel

Lösung Fachsprachen:

CAD	–	computer aided design (für Konstruktions-/ Architekturbüros, Konstruktionen, Baupläne, etc.)
CAE	–	computer aided engineering (konstruieren mit Hilfe des Computers)
CAM	–	computer aided manufacturing (Informationen steuern Werkzeugmaschinen, um das auf dem Bildschirm konstruierte Teil „anzufertigen"/ „umzusetzen")
Chip	–	Siliziumsplättchen (elektronischer Baustein, z. B. Mikroprozessor, RAM-Speicher, Ein- und Ausgabesteine, ...)
Cobol	–	common business oriented language (höhere Programmiersprache für kaufmännische Aufgaben)
CPU	–	central processing unit (Mikroprozessor (Zentraleinheit) oder Kommandozentrale eines Computers)
Cursor	–	blinkender Zeiger, blinkendes Viereck auf dem Bildschirm

Os frontale	–	Stirnbein (Schädel)
Tuber frontale	–	Stirnhöcker
Ala major	–	großer Keilbeinflügel
Os lacrimale	–	Tränenbein
Processus frontalis	–	Stirnfortsatz des Oberkiefers
Os nasale	–	Nasenbein
Os zygomaticum	–	Jochbein
Apertura piriformis	–	vordere Nasenöffnung

Abstraktum	– nichtgegenständliches Hauptwort (Substantiv)
Asyndeton	– unverbundene Aufzählung
Axiom	– grundlegender Lehrsatz/Wahrheit
Exegese	– wissenschaftliche Auslegung von Texten
Exonym	– historische Zweitbezeichnung für geographische Namen
Flexion	– Beugung/Wortabwandlung
Homonym	– Wort, das mit einem anderen gleichlautet
Hyperbel	– Übertreibung im Ausdruck

7.12 Stilistik von A bis Z

Originalton:	*Vorschlag:*
abgesehen davon	sagen Sie's direkt
davon absehen	keine, nicht, ohne
abklären	klären
ablehnen	Reizwort, besser: es ist nicht möglich
abwarten	warten, bitte etwas Geduld
Abänderungen vornehmen	ändern
absurd	Reizwort, vermeiden Sie's
zum Abschluß bringen	beenden, regeln, klären, enden
abschließend	merken Sie von allein, weg damit

alsdann	dann
alsbald	bald
allermeiste	mehr als „meiste“?
alternativ	sparsam anwenden, sonst: andere
in Anbetracht	Bürokratenstil, besser: wegen
ab-/anliefern	liefern
Ihr Anliegen	Sie wünschen, Ihr/en Wunsch
ansonsten	sonst
ansprechen	… kann man ein hübsches Mädchen – keine Sachen (!)
an was	woran
anbelangt	Bürokratenstil, weg damit
Anfrage, anfragen	fragen Sie (die direkte Methode ist die beste) wer, was, wo, wie, wann, warum, weshalb
angesichts	da, wegen, weil
anheimstellen	das ist Kindergartenantenton – besser; raten, beraten, unser Tip
in der Annahme	Wäsche-/Lottoannahme? Besser: angenommen, vorausgesetzt, einverstanden
anmahnen	mahnen
antwortlich	Papierblume aus der Beamtenstube, besser: zur Sache sprechen/texten
in Anrechnung	an-/verrechnen
anschließend	dann, danach
Aufgabenstellung	Aufgabe
auf was	worauf
aufweisen	haben
ausklammern	nein, geht nicht – man kann nur (einklammern)

ausnahmsweise	diesmal, eine Ausnahme
aufzeigen	zeigen
aus was	woraus
Auswirkung(en)	Wirkung (reicht meist)
Außerachtlassung	-ung-Wort, besser: ohne
aus gegebenem Anlaß	Bürokratenschwulst, weg damit
aufaddieren	addieren
in 3facher Ausfertigung	-ung, besser 3fach/dreifach
ausweislich Ihres	Ihr/e
zur Auszahlung bringen	zahlen, überweisen, Gutschrift
bedeutsam	ist, sind, hat
Bedingungen	-ung, entschärfen Sie's: vereinbaren/Konditionen
Begabung	-ung, begabt, intelligent
Beantwortung	-ung, Antwort
Behandlung	-ung, behandeln
befassen	(Sind Sie ein „Befaßter"?) Sagen Sie's direkt
bei dem	wobei
bei der	wobei
bei was	wobei
bereits schon	entweder bereits oder schon
… Bedauern Ausdruck geben … zu unserem Bedauern bedauerlich bedauerlicherweise	= diese Sprachtrümmer aus der letzten Jahrhundertwende kennzeichnen einen „bedauernswerten" Sprecher/Schreiber(ling) – weg damit
wir bedanken uns für …	danke, vielen Dank für …
bedenken Sie	(anmaßend) bitte beachten Sie …
zu Ihrer gefl. Bedienung …	geflügelt? für Sie … zu Ihrer Information
Beendigung	Ende, Schluß

mit Beifügung	-ung; anbei/beigefügt
als/mit Beilage	Erbsen? Karotten? Weg damit!
… und begrüßen Sie …	wie im Brief?
beibringen	Sprachbeule von St. Bürokratius, besser: geben, schicken, senden
Benachrichtigung	-ung; Nachricht, Schreiben
bekanntgeben	sagen Sie's direkt
bestätigen	vielen Dank für …
sind im Besitze Ihres …	das Klären von Besitzverhältnissen überlassen Sie bitte Juristen
Betrag in Höhe von …	Doppelmops; Betrag von … DM
Bestandteil	Teil
in Betracht ziehen	beachten, berücksichtigen
unter Beweis stellen	beweisen
Betreff:	präsenil – weg damit
betreffend	unsinniges Mittelwort, wenn schon, dann „betrifft"
Bericht erstatten	berichten
Bezug:	pedantisches Bürokratendeutsch
in bezug	Bürokratenklischee
bezüglich	Papierblume – ins Feuer!
Bezug nehmend	Sprachmüll
breite Zustimmung	wie breit?
Buchung vornehmen/ durchführen	buchen
dankend	Mittelwort; danke, vielen Dank
darstellen	haben, hat, ist, sind
das-, der-, dieselbe	bitte nur beigefügt verwenden
definitiv	endgültig
darauf hinweisen	merkt man von selbst
derartige	so, der, die, das
in aller Deutlichkeit	Reizwort; sagen Sie's direkt

Denkanstöße	Modewort; denken, überlegen
dementsprechend	deshalb
differenzieren	unterscheiden, beachten
diesbezüglich	wegen, deswegen
in dieser Art, Form	so
zu Ihren Diensten	Pseudohöflichkeitsfloskel
diffizil	schwierig, nicht einfach
dürfen wir Sie …	bitte
durchführen	bearbeiten, regeln, klären
Durchführung	Anfang, Beginn, Arbeiten
durch was	wodurch
effektiv, effizient	Modewörter
in meiner Eigenschaft	als
Einweisung	-ung; einweisen
Einrichtung	-ung; einrichten, gestalten
einiggehen	einig, einverstanden
einschlägig	meist mit "Fach/fach" auszudrücken – gibt's auch zweischlägig?
Einsendung	Karte, Brief, Schreiben
einmal mehr	wieder, erneut, noch einmal
Einstellung	-ung; anfangen, einstellen
eigentlich	Flickwort (entbehrlich)
einzig	wirklich „einzig"?
einschließlich	mit
eklatant	meist Reizwort und auch überflüssig
eliminieren	doppeldeutig, vermeiden Sie's
eminent	sehr
empfehlen wir uns	grüßen Sie lieber
Entlassung	-ung; entlassen
Entlastung	-ung; ohne, zurück

Ihrer Rückantwort entgegensehend	wie? Rück-Antwort (!); entgegensehend – wie?
Entlohnung	Lohn, Gehalt, Verdienst
erfolgen	ist/sind, wird/werden
erledigen	wie die Mafiosi oder ein bezahlter Killer? klären, regeln, …
meines Erachtens nach	falscher Genitiv (Wesfall) – ohne „nach“ ist's korrekt
ersterer	es gibt nur einen Ersten/ersten
Erstattung	-ung; bekommen, erhalten, überweisen
faktisch	tatsächlich
die Feststellung getroffen	papageienhaftes Nachbeten,
zur Feststellung gelangt	besser: haben, ergeben/sagen Sie's direkt
mit/unter Fortfall	platte Sprachstelze/ohne
folgern	ergibt, Ergebnis
folgende, nachfolgende	merkt jeder selbst was kommt
die Frage an Sie	an wen sonst?
in Frage kommen, infrage	möglich, vorschlagen
haben Sie die Freundlichkeit	tropft schon der Speichel? bitte
seien Sie so freundlich	bitte
freundlichst	geschwollen; bitte
frühzeitig	früh, pünktlich, zeitig
für was	wofür
gegebenenfalls	falls, wenn
gegen was	wogegen
gehalten sind	bürokratischer Strohdrusch
gefolgt von	grammatisch falsch
gedient zu haben	zufrieden, zufrieden stellen, Ihre Zufriedenheit

über Gebühr beansprucht	reizt meistens – weg damit
gemäß	nach
generell	Blindwort, besser: allgemein
gerne	gern ohne „e“ reicht
gesetzt den Fall	falls, wenn
geraume Zeit	ungefähr, einige, dauern
gewähren	bieten
gezielt	Modewort
grammatikalisch	grammatisch (nicht mißzuverstehen)
grundsätzlich	auf Ego-Trip?
aus diesem Grunde	wallt der Nebel/deshalb, daher
Gewährung	-ung; bieten, garantieren
Gegebenheiten	Kanzleistiefel
geschätzte/r Antwort/ Auftrag	Schmalz knietief weg damit
gezwungen sein	negativer geht's nicht
Gültigkeitsdauer	gültig, gilt
herzlichst	pathetische Worthülse
heuer	Lieblingsvokabel der SZ – im Kalender steht ”1989“/ dieses Jahr
Herstellung	Produktion/produzieren, fertigen
hinter was	wohinter
hinsichtlich	sprachliche Wassersuppe aus der Beamtenstube – besser: für, wegen, zu
hinlänglich	ist/sind
hinweisen	sagen Sie's direkt
hingegen	aber
darüber hinwegtäuschen	„hin“ und dann „weg“ und

	„täuschen“? nicht, irren, vormachen, täuschen
höflichst	Lakeiensprache/bitte
in der Hoffnung	dann gute Niederkunft!
wir hoffen	Lieblingswörter fast aller Briefschreiber – weg damit
hoffentlich	weg damit
Ihrerseits	Sie, von Ihnen, Ihre
individuell	Modewort – weg damit
Interessebekundung	interessiert/Interesse
in etwa	etwa, ungefähr
insbesondere	besonders, vor allem
in was	worin
irgendwie	Modewort von der Qualität "irre“ oder „echt“/„cool“
jedenfalls	vor allem, dennoch
jener	sagen Sie's direkt
jederzeit	auch nachts?
zur Kenntnisnahme	informieren/Kenntnis
im Klartext	war man vorher auf Tauchstation?
Konfektionierung	fertigen/herstellen/produzieren
kontaktieren	fragen, sprechen, telefonieren
Kostenschätzung	-ung; etwa
Kostenüberwachung	-ung; Kontrolle
komplettieren	komplett, alles, vollständig
kulanterweise	-weise; wir bieten …, Sie bekommen/erhalten
aus Kulanzgründen	„Kulanz“ beinhaltet schon den Grund; wir sind bereit, wir kommen Ihnen entgegen
im Laufe von	in, in … Tagen, Wochen
lediglich	nur

leider	nur im Notfall anwenden
letzten Endes	„Ende“ ist „letzt“ – weg damit
letztendlich	noch, noch etwas, nur noch
letzterer	der letzte/Letzte ist der letzte/ Letzte
legitim	gesetzlich, richtig, korrekt
logisch	sparsam damit umgehen/zur Zeit Modewort
machbar	-bar; Modewort
mangels	es fehlen/fehlt
Maßnahme	sagen Sie's direkt
meiner/unserer Meinung	sagen Sie Ihre Meinung ohne „Meinung“ zu sagen
Mißverständnis	setzen Sie „offensichtlich“ davor
Mithilfe	Hilfe
… Ihnen mitteilen …	sagen Sie, was Sie mitteilen
mit was	womit
nachprüfen	prüfen/geprüft
nachweislich	strapaziertes Bürokratenwort
nämlich	Reizwort
nach was	wonach
nebst	mit
nichtsdestoweniger	intellektuelle Wortspielerei
notwendigerweise	-weise, nötig
Notwendigkeit	nötig, notwendig
o. a. oben angeführte oben bezeichnete obengenannte	streichen Sie diesen Trödel aus Ihrem Sprachschatz/aus Ihrem Schreiben
obiges u. ä. m.	untiges?
obschon	obwohl
optimal	modischer Schnickschnack

der Ordnung halber	magisches Bürokratengemurmel
persönlich	wie sonst?
persönlich anwesend	„anwesend“ reicht
nicht der Platz	eben
primär	zuerst, erst, wichtig
Prioritäten	Modewort
Prüfung vornehmen	prüfen
Prüfung	-ung; nur wenn es eine ist, sonst „prüfen“
problematisieren	weg damit
Problem/problematisch	Modewort
im Rahmen	nur bei Bilder-/Türrahmen verwenden
in Rechnung stellen	berechnen
Rechtschreibungsfehler	Rechtschreibfehler
Reklamation	Reiz-/Negativwort
reklamieren	reizt ungemein
relevant	wichtig
relativ	im Vergleich/Verhältnis
richten Sie	senden, schicken, reichen
Rückäußerung	Antwort
Rückerstattung	überweisen, regeln, erstatten
aus saisonalen Gründen	keine bessere Ausrede?
aus Saisongründen	sagen Sie's, wie es ist
scheinbar	anscheinend
selbstredend	weshalb einen Kniefall machen?
sämtliche	alle
schlußfolgern	direkt sagen
ganz zu schweigen von	schweigen Sie lieber
Schlußfolgerung	-ung; sagen Sie's
schlußendlich	schließlich
seitens	von

sorgen für/Sorge tragen	Mutti-Deutsch – weg damit
sicher gehen/sichergehen	sicher sein – aber „sicher gehen“?
situationsbedingt	jetzt, zur Zeit, momentan
Stellenwert	eine taube Gefühlshülse
sukzessive	nach und nach
sekundieren	helfen
spontan	Modewort
somit	damit/deshalb
stets	immer
statt dessen	(getrennt schreiben)
stattgeben	sagen Sie's direkt
auf dem Standpunkt	hoch zu Roß?
tätigen	machen
Telefonanruf	Telefon/Anruf/rufen Sie an
zum Tragen kommen	gespreizter geht's nicht
über was	worüber
ohne Übertreibung	nicht übertreiben – weg damit
Überprüfung	(die) Prüfung/prüfen
Überprüfen	prüfen
Überreichung	geben, erhalten
überwiegende Mehrheit Mehrzahl unserer Kunden	„mehr“ ist schon „mehr“ als genug
um was	worum
unter diesen Umständen	kreißt's bald?/Situation
unter was	worunter
sind der Überzeugung/ überzeugt	wirklich? weg damit
der Unterfertigte	und der Oberfertigte?
ungeahnte	Modewort
unmißverständlich	Reizwort
ist mir/uns völlig unverständlich	Reizwort – weg damit

unnötigerweise	-weise; unnötig, nicht nötig
unterlassen Sie bitte	eben
mit Ihrer Unterschrift versehen	bitte/unterschreiben Sie
unverbindlich	Anno 1899
unwahrscheinlich	Modewort
unzureichend	fehlen, nicht genug
von was	wovon
vor was	wovor
verfügen über	haben
verbindlichsten Dank	danke, vielen Dank
veranlassen	sagen Sie, was Sie „veranlaßten"
verbleiben	verblichen? Weg damit!
Verzicht leisten	verzichten
wie im Vertrag vereinbart	wie vereinbart
zum Versand bringen	senden, schicken, liefern
seien Sie versichert	Lebens-, Unfall-, Sterbeversicherung?
wir versichern Ihnen	Hunde, Katzen, Vögel?
in unserer Vormerkung	vormerken
Vorankündigung/vorankündigen	aus dem Biedermeier
vorherzusagen	Schmalspurdeutsch: ich weiß es nicht
voll und ganz	wie „voll" und wie „ganz"?
Vorbedingung	beachten, vorausgesetzt, …
Vorbereitungen treffen	vorbereiten
aller Wahrscheinlichkeit	wahrscheinlich
wegzudenken	Modewort
Weiterbearbeitung	rechtzeitig, rasch, schnell wie möglich
zu weit führen	metaphysisches Valium pur

weitestgehend	weg damit
wohlwollend	psychische Betäubungspatrone
wegen dem	deswegen
wegen Dir	Deinetwegen
wegen Ihnen	Ihretwegen
wegen mir	meinetwegen
wegen was	weswegen
welche/r/s	der, die, das
wohl oder übel	weg damit
würde sagen	einfach würdelos
Zeugnisablichtung	Kopie
zum Zweck/e	reserviert für geistige Kleingärtner/für, wegen
zwecks	für, um, wegen
zu was	wozu
zutiefst	pure Heuchelei
zwischenzeitlich	inzwischen
zutreffend	richtig
zwischen was	wozwischen
zweifelsfrei	ohne Zweifel
zweifellos	ohne Zweifel
zu gegebener Zeit	sagen Sie's direkt dann, in …, voraussichtlich
zurückweisen	rechtfertigt kein/e, nicht
zusammenfassend	merkt man
zumindestens	zumindest
zuwenden	Beamtentrott
zeitigen	bitte direkt sagen
zeichne/n ich/wir	Männchen?

Bitte hier weitere Wörter, Wendungen, Sätze eintragen:

7.13 Die 4 Säulen der Verständlichkeit

1. Verben: „Verbum“ ist das „Wort“. Wenn einer Wortart der Vorrang vor einer anderen eingeräumt wird, dann dem Verb. Versuchen Sie deshalb, jedes zweite Substantiv in ein Verb zu verwandeln. Ihr Stil wird aktiver, flotter, lebendiger, …

2. einfache, verständliche Wörter: einfache Wörter, die das ausdrücken, was sie meinen. Vorsicht vor mehrsilbigen Wörtern (drei und mehr/Ausnahme: Fachwörter).

3. Linearer Satzbau: „… wir wollen lineare Sätze, in denen eines aus dem anderen folgt, ohne Vorgriffe, Rückbezüge und logische Knoten; Sätze, in denen sich die Wörter nach romanisch-englischem Modell aufreihen wie Perlen auf der Schnur. Sätze wie Pfeile: jedes Wort und jedes Satzglied sollen nicht nur räumlich auf das vorige folgen, sondern auch logisch, hierarchisch, chronologisch oder psychologisch …“
Wolf Schneider

4. Optische Gestaltung: Satzspiegel, Schriftarten, Gliederung, s p e r r e n, **fett**, *kursiv,* GROSSCHREIBUNG, Doppelpunkt, Semikolon, Fragezeichen, Übersicht, …

Beispiele zu Punkt 2 (einfache Wörter):

in dreifacher Ausfertigung	– besser : dreifach
unter Beweis stellen	– besser : beweisen
konventionell kompatible …	– besser : herkömmlich verträgliche …
permanent kreative Innovationen	– besser : immer neue Ideen
modulares Lernen	– besser : sprachrhythmisches Lernen
Buchung vornehmen	– besser : buchen
dementsprechend	– besser : deshalb
in Rechnung stellen	– besser : berechnen
Überprüfung	– besser : Prüfung/prüfen

7.14 Die 4 Dimensionen der Verständlichkeit

Wer verstanden werden will, muß erst denken und dann formulieren. Meist ist es in der Praxis umgekehrt: Zeitnot, Hektik, Streß und „Gleich ist Feierabend" verhindern oft verständliche Kommunikation. Husch, husch, ich bin der Frühling, und schon ist alles auf Band oder im Geschäftsbrief. Ab die Post. Häufig kommt es dann zu Kommunikationsstörungen. Jetzt hat man die doppelte Arbeit. Das kann man vermeiden, wenn man beim Formulieren die *vier Dimensionen der Verständlichkeit* berücksichtigt.

Die erste Dimension ist die *Einfachheit* in der Darstellung eines Sachverhalts mit kurzen, einfachen Sätzen, geläufigen Wörtern und anschaulich-bildhaften Worten. In der Sprache der Einfachheit kann man nichts falsch machen.

Die zweite Dimension heißt *Gliederung:* nach jeder Sinneinheit kommt ein Absatz, der „rote Faden" ist leicht zu erkennen, folgerichtig reiht sich eins ans andere, und alles ist übersichtlich.

Die dritte Dimension verlangt *Kürze und Prägnanz:* an das Notwendige denken, aufs Wesentliche beschränken, aufs Ziel konzentrieren und so knapp wie möglich, aber so ausführlich wie nötig formulieren. Das ist mit ein wenig Übung rasch zu erreichen.

Zusätzliches Stimulans ist die vierte Dimension: Regen Sie den Empfänger Ihrer Schreiben an, sprechen Sie ihn direkt und persönlich an, stellen Sie Fragen, benutzen Sie aktive Verben, oder sprechen Sie schlicht das mögliche Interesse des Empfängers an.

Bitte sehen Sie die einzelnen Dimensionen nicht isoliert. Alle vier Dimensionen bilden eine Einheit, sie sollten sich harmonisch ergänzen. Auch in Streß-Situationen werden Sie mit den vier Dimensionen eine überdurchschnittliche Leistung bringen.

Sie sind skeptisch? Machen Sie die Gegenprobe:

Das Gegenteil von Einfachheit ist Kompliziertheit. Können Sie damit verstanden werden oder gar „ankommen"?

Gliederung – ungegliedert: alles geht durcheinander oder ist unübersichtlich und zusammenhanglos. Werden Sie verstanden?

Kürze – Länge: Ein Sprichwort sagt es besser als 1000 Worte: „Länge langweilt – Kürze fesselt!"

Zusätzliches Stimulans – kein Stimulans: Können Sie mit unpersönlichen Formulierungen, nüchternen Fakten oder neutralem Stil den Empfänger positiv stimmen, Vertrauen schaffen oder Sympathie hervorrufen?

Wenden Sie konsequent die vier Dimensionen als ein Ganzes in Ihrer Korrespondenz an.

7.15 Stilformeln

MW = Mittlere Wortlänge
Zählen Sie die Silben im Text …
teilen Sie durch die Zahl der Wörter
ideal: 1,5

MS = Mittlere Satzlänge
Zählen Sie die Wörter im Text …
Teilen Sie durch die Zahl der Sätze
Achtung: Semikolon, Ausrufezeichen, Fragezeichen oder Doppelpunkt beenden einen Satz. Anrede, Fachwörter und Grußformel werden nicht gezählt.
Ideal: 12 – sonst „Schallmauer" bei 20.

Fdk-Index (Fasse dich kurz!)
Zahl der Wörter mit mehr als 2 Silben …
mal 10 …
geteilt durch die Zahl der Sätze
Ideal: 11–25

Konkret:	bis 10	sehr knapper Stil/„Fernschreibstil"
	11–25	kurz, knapp, präzis
	26–50	weitschweifig
	über 50	umständlich, schwülstig

Quelle: Rolf W. Schirm/Informationsberater

Testen Sie anhand dieser Stilformeln Ihre Texte.

7.16 Protokoll

Protokoll: protocollum = schriftliche Zusammenfassung von Ergebnissen einer Konferenz, eines Briefings, einer Sitzung, Besprechung = Bericht

Ausführliches Verhandlungsprotokoll: Aussagen der Sprecher werden verkürzt mit eigenen Worten wiedergegeben. Wie kam es zu den Ergebnissen? Es gab keine? Wie ist die Verhandlung verlaufen/gelaufen?

Gestaltung: Teilnehmer – Tagesordnung – Beginn – Ende – Verteiler

Kurzprotokoll nennt Ergebnisse/Beschlüsse und wie es dazu kam

Beschlußprotokoll – Ergebnisse einer Konferenz

Gedächtnisprotokoll – meist Cassette, wird diktiert oder auf Band gesprochen

Stichwortprotokoll – es geht um Fakten, Sachen
– ohne Personen oder Projekte
= alle in der Gegenwart (Präsens)

Aktennotiz = Formulare/Vergangenheit/Fakten, Ort und Zeit

Ort	Protokoll		
Leiter:		Datum:	Seite 1
Protokollführer		von ——— Uhr bis ——— Uhr	

Teilnehmer:	Verteiler:

OK TOP	Besprechungsinhalt	Ergeb-nis	Gerichtet an	Termin

7.17 Arbeitszeugnis

Das „einfache Arbeitszeugnis" nennt Art und Dauer der Beschäftigung – und sonst nichts!

Das „Qualifizierte Arbeitszeugnis" sollte zumindest enthalten:

- Ein-/Austrittsdatum
- genaue Tätigkeitsbeschreibung
- Arbeitsweise/Führung
- Weiterbildung ja/nein
- wer kündigte warum (nicht immer)
- danken für Mitarbeit ja/nein
- das Ausscheiden bedauern (oder auch nicht) und alles Gute wünschen
- Ort, Datum, Unterschrift

Seien Sie so souverän und verzichten Sie auf die Verschlüsselungsmasche „Geheimcode"!

7.17.1 Gesetzliches und Grundsätzliches

Diese Rechtsvorschriften regeln den Anspruch auf ein Einfaches/Qualifiziertes Zeugnis:

- Bürgerliches Gesetzbuch § 630
- Berufsbildungsgesetz § 8

- Gewerbeordnung § 113
- Handelsgesetzbuch § 73
  (teilweise auch Tarifvertragsbestimmungen)

Bestandteile von Arbeitszeugnissen:

- Persönliche Daten/Ein- und Austrittsdatum
- Aufgaben/Verantwortungsbereich/Arbeitsplatz
- Fähigkeiten/Leistungsbeurteilung
- Fort- und Weiterbildung
- Umfeldbeziehungen/Sozialverhalten
- Kündigungsgrund (nicht unbedingt!)
- Schlußformel

7.17.2 Einfaches Arbeitszeugnis

Die äußere Aufmachung: DIN A4-Seite mit Firmenzeichen, aber keinen Geschäftsbriefbogen (!)

Zeugnis

Frau Susanne Schlüter, geboren am 02.01.51 in Berlin, arbeitete vom 01.10.1983 bis 30.09.87 in unserem Unternehmen als Sekretärin.

Ihr Aufgabengebiet in der Verkaufsabteilung erstreckte sich vom Stichwort- bis zum Phonodiktat:

Texte und Textbausteine
Hausmitteilungen und Rundschreiben
Protokolle erstellen
Geschäftskorrespondenz in Deutsch und Französisch

Alle Arbeiten verlangten sowohl selbständiges Denken als auch sprachlich einwandfreies Formulieren, weil alle Schriftstücke unterschriftsreif vorgelegt werden mußten.

Frau Schlüter verläßt unser Unternehmen zum 30.09.87 auf eigenen Wunsch.

ABC-Unternehmensgesellschaft
Personalwesen

Berlin, 30.09.87

7.17.3 Arbeitszeugnis „Qualifiziert"

Zeugnis

Frau Susanne Schlüter, geboren am 02.01.51 in Berlin, arbeitete vom 01.10.83 bis 30.09.87 in unserem Unternehmen als Sekretärin.

Anfangs wurde sie in der Verkaufsabteilung eingesetzt. Am 01.09.84 wechselte Frau Schlüter ins Sekretariat unserer Export-Abteilung. Ihr Aufgabengebiet bestand in vielseitigen Schreibarbeiten: Schriftverkehr in deutscher und französischer Sprache.

Ihre soliden Sprachkenntnisse in Deutsch und Französisch, zum Beispiel bei schnellem Diktat oder Diktat nach Stichworten, gaben ihrer Arbeit eine überdurchschnittliche Note. Auch schwierige Situationen meisterte sie bravourös. Mit den Leistungen von Frau Schlüter waren wir sehr zufrieden. Mitarbeiter und Vorgesetzte schätzten besonders ihr ideenreiches Engagement, ihre vorbildliche Arbeitsweise und guten Umgangsformen. Wir danken für die hervorragende Zusammenarbeit.

Frau Schlüter verläßt unser Unternehmen zum 30. September '87 auf eigenen Wunsch.

ABC-Unternehmensgesellschaft
Personalwesen

Berlin, 30.09.87

8

Nachahmenswert

8.1

So schreiben wir unseren Kunden

Schweizerische Volksbank — BANQUE POPULAIRE SUISSE
BANCA POPOLARE SVIZZERA
SWISS VOLKSBANK

Generaldirektion
Postfach 2620
3001 Bern
Telefon 031 32 81 11

Herrn
Dr. Felix Muster
Schweizerallee 36 — 1

7559 Tschlin

Sachbearbeiter
J. Bohnenblust — 2

Bern, 27. August 1987/tw-buk — 3

4

Gründung Ihres Unternehmens „Alpwood“

Sehr geehrter Herr Dr. Muster — 5

Wir danken für Ihre Anfrage vom 25. August 1987.

Selbstverständlich sind wir gern bereit, Ihnen bei der Gründung ihres Unternehmens „Alpwood“ unsere Unterstützung zu gewähren und bei der Beschaffung der notwendigen Unterlagen zu helfen. Wir laden Sie deshalb zu einem ersten Gespräch in unsere Niederlassung St. Moritz ein. Dabei werden wir Sie über grundsätzliche Punkte ausführlich unterrichten und Ihre Fragen beantworten. Herr Max Schweizer, Vizedirektor, Leiter der Abteilung Kommerz Inland, wird sich in den nächsten Tagen mit Ihnen telefonisch in Verbindung setzen, um einen Termin zu vereinbaren.

6 — Auf dem beigelegten Blatt geben wir Ihnen die Adressen von zwei Beratungsstellen bekannt, bei welchen Sie branchenspezifische Auskünfte erhalten können. Zudem senden wir Ihnen aus unserer Schriftenreihe „Die Orientierung“ Ausgabe Nr. 89 „Vernetztes Denken im Management“ von Prof. Dr. Peter Gomez und PD Dr. Gilbert J.B. Probst, Hochschule St. Gallen.

Wir freuen uns auf eine gute Zusammenarbeit.

Mit freundlichen Grüßen

SCHWEIZERISCHE VOLKSBANK — 7

P. Müller L. Meier — 8

Adreßliste
„Die Orientierung“ Nr. 89

Erklärungen zum vorseitigen Musterbrief

1 **Adresse**
Herrn, Frau, Fräulein, akademischer Titel, Vorname, Name
vollständige Adresse (keine Abkürzungen)

2 **Sachbearbeiter**
Namentlich erwähnen, wenn nicht mit Unterzeichner identisch

3 **Referenzzeichen**
Autor, Bindestrich, Sekretärin

4 **Termine**
Jede Anfrage wird spätestens drei Tage nach Eingang beantwortet.

5 **Anrede**
Herr, Frau, akademischer Titel, Name

6 **Inhalt**
Klar und deutlich, einfache Sätze, fehlerfrei, übersichtlich

7 **Gruß**
„Mit freundlichen Grüßen“
darunter in Großbuchstaben
SCHWEIZERISCHE VOLKSBANK

8 **Unterschriften**
Rechts der Verantwortliche (Autor, Linienvorgesetzter), links normalerweise sein Vorgesetzter
Anfangsbuchstabe des Vornamens, Name ausgeschrieben
Genügend Raum für Unterschriften,
Unterschrift über der Schreibmaschinenschrift

8.2 Anfragen

Beispiele für Anfragen:

Man fragt nach	einem Prospekt
	einem Muster
	Rabatt
	Skonto
	einem Preisnachlaß
	einer Auswahlsendung
	wegen Warenbesichtigung
	Sonderanfertigung/en
	der Kundennummer
	einer Bedienungsanleitung
	einer Rechnung/Zweitausfertigung
	einem Verlege-/oder Schaltplan
	einem Sonderprospekt
	einem Liefertermin

...

Textbeispiel: Kunde wünscht einen Sonderprospekt, weil die Angaben eines bestimmten Gerätes/einer Ware im Katalog zu allgemein sind. Ein Sonderprospekt ist aber nicht vorhanden, deshalb Hinweis auf Rücknahme/Umtausch

Vorschlag: Sehr geehrte Frau/Herr …

Vielen Dank für Ihre Anfrage (vom…).

Unsere Angebote sind ausführlich beschrieben, so daß wir bewußt auf den Druck zusätzlicher Prospekte verzichtet haben. Es liegt uns sehr daran, vermeidbare Kosten einzusparen, um Ihnen damit unsere günstigen Preise zu erhalten.

Bitte vertrauen Sie unseren Angaben und bestellen Sie unbesorgt. Wir wollen Ihnen nichts verkaufen, was nicht Ihre uneingeschränkte Zustimmung findet. Außerdem kaufen Sie ohne jedes Risiko: Was Ihnen nicht gefällt, nehmen wir zurück und erstatten den Kaufpreis.

Bitte schicken Sie uns Ihren Auftrag.

Inzwischen freundliche Grüße

Sonderbestellschein

8.3 Mängelrügen

Die Ursachen sind verschieden, sie reichen von Transportschäden bis zu Produktionsfehlern. Eine rasche Klärung sollte selbstverständlich sein – im beiderseitigen Interesse.

Sachverhalt: Ware/Gerät ist beschädigt beim Kunden angekommen. Sie schlagen einen Preisnachlaß oder Umtausch vor.

Vorschlag: Sehr geehrte …

Ihre Ware/Ihr Gerät ist unterwegs beschädigt worden. Obwohl Transportschäden sehr selten sind, kommen sie doch immer wieder mal vor. Bitte entschuldigen Sie.

Wäre Ihnen ein Preisnachlaß von … DM recht? Bitte informieren Sie uns, ob Sie damit einverstanden sind.

Andernfalls senden Sie das Gerät/die Ware an unser Auslieferungslager zurück. Die genaue Adresse ist auf dem Frachtbrief (Aufkleber/Rechnung/Bestellschein). Bei Eintreffen werden wir sofort die Ware/das Gerät umtauschen. Bitte fügen Sie auch die Kaufbelege bei.

Inzwischen freundliche Grüße

Sachverhalt: Kunde reklamiert Ware, soll sie zurückschicken

Vorschlag: Sehr geehrte …

Sie haben recht – selbstverständlich haben Sie Anspruch auf einwandfreie Ware. Wir wollen die Angelegenheit sorgfältig prüfen, um uns ein Urteil zu bilden. Deshalb unsere Bitte:

Schicken Sie uns die beanstandete … (Ware/Artikel/Gerät/…) zusammen mit den Kaufbelegen an … (Adresse/Abteilung/Lager/zu Händen/…). Bitte fügen Sie der Rücksendung dieses Schreiben bei. Unsere Mitarbeiter wissen dann sofort, worum es geht.

Vertrauen Sie auf eine sachgerechte Entscheidung.

Inzwischen freundliche Grüße

Ihr/e

8.4 Unerfüllbare Aufträge

Bei diesem Brieftyp spielen viele Kriterien eine Rolle. Unter anderem „ausverkauft", „vergriffen", „unvollständige Bestelldaten", „Sonderwünsche", „falsche Angaben".

Sachverhalt: Der gewünschte Artikel/die gewünschte Ware ist ausverkauft, es gibt auch keine Nachlieferung mehr. Der Kunde/Interessent wird auf ähnliche Angebote aufmerksam gemacht.

Vorschlag: Sehr geehrte …

Der gewünschte Artikel/die gewünschte Ware wurde so oft bestellt, daß unsere Bestände inzwischen ausverkauft sind. Wegen einer neu aufgelegten Kollektion wird … nicht mehr produziert. Bitte haben Sie dafür ein wenig Verständnis.

Bitte nehmen Sie noch einmal unsere Angebotsliste zur Hand und entscheiden Sie, ob ein ähnlicher Artikel in Frage kommt. Geben Sie uns Ihre Wahl/Wünsche auf beigefügten Bestellschein bekannt. Wir werden alles tun, Sie zu Ihrer Zufriedenheit zu bedienen.

Mit freundlichen Grüßen
Bestellschein

Sachverhalt: Besteller wünscht Nachnahmelieferung über 3 000 DM; aus posttechnischen Gründen ist das nicht möglich – deshalb Vorschlag an Kunden.

Vorschlag: Sehr geehrte …

Vielen Dank für Ihren Auftrag über …

Wir hätten Sie sofort bedient, aber eine Lieferung nach Ihren Wünschen ist nicht möglich:

Die Post erlaubt Nachnahmesendungen nur bis 3 000 DM.

Mit freundlichen Grüßen

Zahlkarte

8.5 Lieferanmahnungen

Mahnungen sind immer unangenehm – für den Verkäufer ebenso wie für den Kunden/Geschäftspartner. Die Antwort auf eine Mahnung sollte deshalb immer freundlich sein, damit keine Mißtöne entstehen.

Sachverhalt: Besteller mahnt Auftrag an. Vertrösten mit Terminnennung.

Vorschlag: Sehr geehrte …

Vielen Dank für Ihre Nachricht.

Wir haben nichts unversucht gelassen, Sie rasch zu beliefern/zu bedienen/Ihren Auftrag zu erfüllen. Der Produktionsleiter/Hersteller informierte uns, daß sich die Lieferung um etwa 14 Tage verzögert – bitte entschuldigen Sie.

Sie können sich darauf verlassen: Es wird alles getan, Sie so rasch wie möglich zu bedienen. Sobald die ersten (Artikel/Typen/Waren/Geräte) fertig sind/bei uns eintreffen, geht die Sendung an Sie ab. Nehmen Sie uns beim Wort.

Mit freundlichen Grüßen

Sachverhalt: Kunde mahnt Auftrag an – soll sich etwas gedulden.

Vorschlag: Sehr geehrte …

Vielen Dank für Ihr Schreiben vom …

Ihre Mahnung ist berechtigt, aber keine Sorge: Ihr Auftrag wurde inzwischen bearbeitet, die Sendung an Sie bereits unterwegs. In den nächsten Tagen wird sie bei Ihnen eintreffen.

Bitte entschuldigen Sie die etwas längere Lieferzeit. Beim nächsten Mal liefern wir wie gewohnt: rasch, sorgfältig und zuverlässig. Bitte geben Sie uns bald wieder Gelegenheit, Ihnen das zu beweisen.

Mit freundlichen Grüßen
Ihr/e

8.6 Fundpapiere

Ab und an kann es passieren, daß Schreiben, Belege, Rechnungen, Aufträge dort auftauchen, wo sie nicht hingehören. Manchmal werden sie auch einfach vergessen. Dann muß die Devise lauten: schnell klären. Direkt.

Sachverhalt: Die „gefundenen" Papiere sind nicht vollständig. Kunde soll uns informieren.

Vorschlag: Sehr geehrte …

Einige unvollständige Unterlagen von Ihnen liegen uns vor. Momentan können wir nicht klären, ob sich Ihr/e … (Auftrag/Schreiben/Rechnung) vor dem Bearbeiten selbständig gemacht haben oder nachher.

Was können wir für Sie tun? Wir werden alles daran setzen, Ihre Wünsche rasch und zuverlässig zu erfüllen. Verwenden Sie für Ihre Antwort den beigefügten Freiumschlag.

Inzwischen freundliche Grüße

Freiumschlag

Sachverhalt: Rücksendungsbelege sind ohne Erledigungsvermerk – Kunde soll vorbereitetes Formblatt ausfüllen und einschicken.

Vorschlag: Sehr geehrte …

bei Ihrem Auftrag scheint uns ein Fehler passiert zu sein: heute kamen uns unvollständige Papiere in die Hand, die offensichtlich aus einer Rücksendung stammen und mit Ihrer Anschrift versehen sind.

Wir wollen die Angelegenheit rasch klären und bitten um Ihre Mithilfe: Falls Ihre Rücksendung noch nicht erledigt sein sollte, senden Sie uns bitte das vorbereitete Formular ausgefüllt und unterschrieben zurück.

Vielen Dank für Ihre Mitarbeit.

Inzwischen freundliche Grüße

Formular

8.7 Storno

Stornierungen haben viele Gründe: Auftragsänderungen, Umbestellungen, anderer Liefertermin, Wohnortwechsel, zwingende Gründe (pleite), zu lange Lieferzeit, ...Stornierungen verursachen Arbeit und Kosten, deshalb sollte versucht werden, Stornierungen „abzubiegen“.

Sachverhalt: Käufer moniert längere Lieferzeit, Verkäufer bittet um Verständnis und informiert (nach Recherche).

Vorschlag: Sehr geehrte ...

Diesmal konnten wir nicht so rasch liefern, wie Sie das von uns gewohnt sind – bitte entschuldigen Sie.

Ihr Auftrag wurde inzwischen bearbeitet und kann nicht mehr aus dem Arbeitsablauf herausgenommen werden. Sollten Sie die Ware/Sendung/Gerät nicht mehr brauchen, so verweigern Sie die Annahme. Wir sind bereit, die dadurch entstehenden Kosten zu übernehmen, weil uns viel an Ihrer Zufriedenheit liegt.

Überlegen Sie es sich noch einmal? Die hervorragende Verarbeitung und der Preis werden Sie sicher für die Wartezeit entschädigen.

Inzwischen freundliche Grüße

Sachverhalt: Kunde will Auftrag stornieren, Hersteller bittet um Annahme oder empfiehlt, die Annahme zu verweigern.

Vorschlag: Sehr geehrte …

Vielen Dank für Ihre Nachricht.

Wir werden versuchen, Ihren Auftrag zu stornieren. Ob uns das gelingen wird, können wir nicht sagen. Wegen der EDV-Auftragsbearbeitung ist es nicht immer möglich, einen bestimmten Auftrag herauszunehmen – bitte haben Sie dafür Verständnis.

Lassen Sie sich Ihren vorteilhaften Einkauf nicht entgehen – nehmen Sie bitte die Sendung an. Wenn es gar nicht anders geht: verweigern Sie die Annahme. Überlegen Sie es sich noch einmal?

Mit freundlichen Grüßen

Ihr/e

8.8 Angebot

Oft geht dem Auftrag ein Angebot voraus. Dabei stellt sich die Frage, wie bringe ich es am besten „rüber“? VVV oder nur Fakten? Im Zweifelsfall entscheiden Sie sich fürs VorteilsVorweg-Versprechen. Damit können Sie nichts falsch machen.

Sachverhalt: Eine Werbeagentur bietet sich einem renommierten Unternehmen als Partner für Werbung/Verkaufsförderung an.

Vorschlag: Sehr geehrte ...,

als erfolgreicher Unternehmer kennen Sie die Wünsche Ihrer Kunden, kennen Ihren Markt und Ihr Angebot.

Sind Sie auch sicher, ob Sie mit Ihrem Angebot Ihre Zielgruppe zu 100 Prozent erreichen? Und das mit den wirtschaftlichsten Mitteln? Ihnen eine Antwort auf diese Frage zu geben und Ihnen die bestmögliche Zielgruppenansprache zu garantieren – das ist unser Angebot.

Unsere Leistung für Sie besteht darin, für Ihre Werbung die wirtschaftlichste Verwendung Ihrer finanziellen Mittel bei der Wahl der Medien sicherzustellen; Ihnen die umständliche Arbeit des Abwickelns, der Kontrolle des Erscheinens und des Abrechnens abzunehmen und Ihnen dadurch Zeit, Geld und Arbeit zu sparen.

Lassen Sie sich von uns zeigen, was wir unter Anwendung modernster Technik für Ihre Werbung und für Sie leisten können. Darüber hinaus beraten wir Sie bei der Gestaltung Ihrer Werbung, liefern Bild- und Text-Ideen für Anzeigen, Plakate, Prospekte, Packungen sowie Konzeption und

Produktion von Funk- und Fernseh-Spots. Auf dem Gebiet Verkaufsförderung verlassen wir ausgetretene Pfade und beschreiten neue Wege.

Da wir nur nach Originaltarifen der Medien abrechnen und überall die günstigsten Einkaufskonditionen für Sie sichern, haben Sie keine Kosten für Planung und Durchführung Ihrer Werbung. Im Gegenteil.

Bitte rufen Sie uns an. Denn wir könnten schon morgen Ihre erfolgreichsten Mitarbeiter sein.

Mit freundlichen Grüßen

Schulz Meyer

8.9 Nachwerbebrief

„Nachwerben" bedeutet Imagepflege für Ihr Unternehmen. Der Geschäftspartner/Kunde, der vor kurzem wegen einer Mängelrüge, Verwechslung, Falschberechnung oder was auch immer reklamierte, soll das Gefühl bekommen, daß Sie sich um seine Belange besonders intensiv kümmern. Sie haken mit einem netten Schreiben nach; fragen, ob alles zu seiner Zufriedenheit geregelt wurde. Trotz geringer Reaktionsquote sind Nachwerbebriefe nicht umsonst: Der Kunde bleibt Ihrem Unternehmen treu/erhalten.

Bei welchen Gelegenheiten einsetzen? Bei allen Vorgängen, die nicht reibungslos erledigt werden konnten: Reklamationen, Rechenfehler, Auftragsanmahnungen, Falschlieferungen, Rücksendungen, Umtausch, fehlende Waren, Transportschäden.

Sachverhalt: Ein Kunde reklamierte vor vier Wochen eine Sendung, die inzwischen im Umtausch erledigt wurde. Jetzt wird „nachgeworben".

Vorschlag: Sehr geehrte/r …,

als Leiter/in der Abteilung Service (Verkauf/Kundendienst/Kundenbetreuung) sehe ich meine Aufgabe darin, Ihr Vertrauen zu unserem Unternehmen/unserem Haus zu festigen/zu vertiefen/zu rechtfertigen. Deshalb schreibe ich Ihnen heute, weil Sie vor einiger Zeit mit einer Sendung nicht zufrieden waren.

Nach unseren Unterlagen ist der Fehler inzwischen behoben/korrigiert worden. Doch möchte ich sicher sein, daß Sie uns das Versehen nicht nachtragen. Bevor wir unsere Waren liefern, werden sie sorgfältig geprüft. Dennoch können wir nicht ausschließen, daß bei Serienproduktionen trotz mehrfacher Kontrollen mal ein Fehler übersehen werden kann. Unser Bestreben ist es dann, sofort und unbürokratisch zu helfen. Haben wir in Ihrem Fall die Angelegenheit zu Ihrer Zufriedenheit geklärt? Oder kann ich noch etwas für Sie tun?

Bitte schreiben Sie mir. Ihre Antwort – ob Kritik oder Anregung – gibt mir die Chance, neue Ideen oder Verbesserungen in unserem Hause zu verwirklichen. Bitte verwenden Sie für Ihre Antwort den beigefügten Umschlag, damit Ihr Brief ohne Umwege zu mir kommt.

Mit einem freundlichen Gruß

Angemerkt: Sie können einen Nachwerbebrief auch anders formulieren. Bitte achten Sie darauf, daß diese Wörter nicht vorkommen: Ärger/ärgerlich, bedauern/bedauerlicherweise, Hoffnung/hoffentlich, höflichst, nämlich, müssen, also.

8.10 Der Brief ist Ihre Visitenkarte; deshalb bitte ...

- die Maschinenschreibregeln DIN 5008 beachten
- den Geschäftsbrief/Briefbogen übersichtlich gliedern
- Fluchtlinie links und rechts einhalten
- möglichst auf Blocksatz verzichten, statt dessen Flattersatz
- wenig s p e r r e n
- nur dort unterstreichen, wo unbedingt nötig
- 1- oder 1 1/2zeilig schreiben
- eine lesefreundliche Schreibmaschinenschrift wählen
- Briefbogen ohne altertümliche Bezugszeile (wegen elektronischer Textverarbeitung/Textsysteme)

- die sieben Briefelemente in der Reihenfolge: Bezug – Betreff – Anrede – Anfang – Schluß – Gruß – Anlage
- keine schwulstigen Anreden à la „verehrte/r", „geschätzte/r", „werter" o. ä. – besser: „geehrte/r" oder „liebe/r"
- die positive Nachricht zuerst
- unsinnige Abkürzungen meiden
- angemessen informieren – nicht unterhalten (!)
- weg mit Phrasenkram und stereotypen Floskeln
- einfach, klar und treffend diktieren/formulieren/texten
- „bedauern", „hoffen", „verbleiben" aus Ihren Texten verbannen
- möglichst auf Fach- und Modewörter verzichten
- „Reiz"-/„Stacheldraht"-wörter oder Negativformulierungen vermeiden, besser: dem Negativen einen positiven Aspekt abgewinnen
- keine Bandwurm- oder Endlossätze
- öfter einen Punkt setzen
- keine Schachtelkonstruktionen oder intellektuelle Klimmzüge
- Satzzeichen entsprechend der Valenz (Wertigkeit) setzen
- neben Punkt und Komma gibt es auch Doppelpunkt, Semikolon, Fragezeichen, Schrägstrich, ...
- Ausrufezeichen nur bei Wunsch-/Aufforderungssätzen
- die Grußformel nicht auf die Spitze treiben („hochachtungsvoll"/„mit vorzüglicher Hochachtung"/„mit dem Ausdruck vorzüglicher ...") – besser: „Mit freundlichen Grüßen", „Mit einem freundlichen Gruß"
- linksbündig und mit lesbarer Unterschrift grüßen
- Anlagen nennen – nicht unterstreichen
- unter „PS:" eine wichtige Information herausstellen/bringen

8.11

Wollen Sie so diktieren, formulieren, korrespondieren?

- einfach, klar und „persönlich“ formulieren
- alles Notwendige nur einmal sagen
- angemessen, objektiv und sachlich informieren
- logisch und wirksam argumentieren
- eine treffende Wortwahl praktizieren
- mit einer positiven Geisteshaltung korrespondieren
- motivieren, stimulieren, appellieren
- konsequent die Fragetechnik einsetzen
- Sie-Ansprache anstelle von „man“, „es“ oder „Ichwiruns“
- „würde-Sätze aus Ihren Texten eliminieren
- Nominalstil? Nein! Aktivstil? Ja!
- Pathos, Schwulst oder Kniefälle anderen überlassen
- Genitiv und Konjunktiv II „in den Griff“ bekommen
- keine speziellen Denkrillen festschreiben
- nach jeder Sinneinheit einen Absatz
- immer an die drei Gründe denken: mündliche, schriftliche (Vorsicht!) und tatsächliche
- den ersten Satz positiv formulieren, den letzten Satz „stark“ machen
- positives „ansprechen/handeln“ anstreben
- Sympathie, Vertrauen und Zufriedenheit schaffen
- mit weniger Worten m e h r sagen
- die Zeit des anderen respektieren: fasse Dich kurz!

Auf den Punkt gebracht:

einfach – aber nicht einfältig oder einfallslos
routiniert erfahren – aber nicht „eingefahren“
flott – aber nicht ausgeflippt
so kurz wie möglich – aber so ausführlich wie nötig
– eben professionell: einfach im Stil, klar im Ausdruck und treffend in der Wortwahl.

Literatur

DUDEN – Rechtschreibung/19. neu bearbeitete und erweiterte Auflage, Bibliographisches Institut Mannheim 1986

DUDEN – Die Zweifelsfälle der deutschen Sprache/3. neu bearbeitete und erweiterte Auflage, Bibliographisches Institut Mannheim 1985

DUDEN – Das Fremdwörterbuch/4. neu bearbeitete und erweiterte Auflage, Bibliographisches Institut Mannheim 1982

Der SPIEGEL, Jahrgang 1988

Süddeutsche Zeitung, Jahrgang 1988

Sprachdienst-Hefte

Sprachpflege-Hefte, Jahrgang 1987/88

Alle Originalbeispiele aus der Praxis des Verfassers

Regeln für Maschinenschreiben, DIN Deutsches Institut für Normung e.V., Postfach 11 07, 10717 Berlin

Stilfibel, Ludwig Reiners, C. H. Beck-Verlag, München 1964

Office Management – Basiswissen: 4000 Begriffe, Checklisten, Techniken

Herausgegeben von Rolf Dieter Zens

1993, X, 662 Seiten, gebunden DM 68,–

Sind Sie auf dem Sprung zur erfolgreichen Sekretärin / Assistentin? Übernehmen Sie neue Aufgabenfelder im Rahmen Ihres Berufes? Bilden Sie sich zur geprüften Sekretärin fort?

Ob Ablage, Korrespondenz oder Gestaltung von Präsentationsunterlagen, Organisation von Sitzungen, Tagungen, Geschäftsreisen oder -besuchen, Projekt- oder Zeitmanagement – Checklisten und Profi-Tips zu diesen Themen helfen Ihnen, Ihre vielfältigen Aufgaben erfolgreich und effizient zu bewältigen.

Darüber hinaus können Sie sich über die für Ihre Ausbildung und Arbeit relevanten Begriffe und Inhalte informieren. Sie finden betriebs- und volkswirtschaftliche, sozialkundliche sowie rechtliche Grundbegriffe, die Ihnen das für Prüfung und Praxis notwendige Know-how vermitteln. Aber auch In-Begriffe, wie z. B. Lean Management, Mobbing, Powerbook und Überinformation, werden erläutert.

Rolf Dieter Zens ist seit über zwanzig Jahren in der Sekretärinnen- und Assistentinnen-Ausbildung sowie seit mehreren Jahren als Prüfer bzw. Prüfungsvorsitzender für die geprüfte Sekretärin IHK in Köln und Ludwigshafen tätig. Er präsentiert seinen Stoff in lockerer Sprache, die den Gedanken an ein „trockenes" Nachschlagewerk gar nicht aufkommen läßt. So reizen die Texte durchaus dazu, auch einmal ein wenig hin und her zu blättern und zu „schmökern".